L'AVÈNEMENT

DE

LA RÉPUBLIQUE

AFFIRMÉ PAR DES CHIFFRES

ou

L'ASSEMBLÉE NATIONALE

DE FÉVRIER 1871

DEVANT LE SUFFRAGE UNIVERSEL

Mouvement des esprits en France depuis 1870

Lettre-préface de Louis Blanc

Prix : 1 Franc

PARIS

LE CHEVALIER, ÉDITEUR

61, RUE DE RICHELIEU, 61

1874

L'AVÈNEMENT

DE

LA RÉPUBLIQUE

AFFIRMÉ PAR DES CHIFFRES

ou

L'ASSEMBLÉE NATIONALE

DE FÉVRIER 1871

DEVANT LE SUFFRAGE UNIVERSEL

Mouvement des esprits en France depuis 1870

Lettre-préface de Louis Blanc

Prix : 1 Franc

PARIS

LE CHEVALIER, ÉDITEUR

61, RUE DE RICHELIEU, 61

1874

IMPRIMERIE PAUL LIBÉRAL ET Cie

20, Rue Saint-Joseph.

A LOUIS BLANC

CHER MAITRE,

Voici un petit travail pour lequel il n'a pas fallu la moindre imagination, mais qui a nécessité de longues et consciencieuses recherches.

J'ai dressé la statistique des votes de la France au 8 février 1871 et de ceux du 2 juillet de la même année au 24 mai 1874.

Sur tous les points du territoire ou elle a été consultée, la voix du Peuple a affirmé l'amour de l'idée republicaine, et la volonté de la voir prendre corps en se réalisant dans les institutions du pays.

Une assemblée qui n'a pas reçu mandat de constituer, voudra-t-elle opposer plus longtemps au grand vœu de la France le « veto » de ses préjugés et de son opiniatre fanatisme?

Ce vœu éclate dans les chiffres que j'ai relevés et rassemblés en tableau.

Mon œuvre modeste, qui n'a rien de personnel me parait devoir être utile; c'est pourquoi je désire la publier.

Mais il serait bon qu'elle reçût d'abord votre haute approbation.

Le suffrage universel est la noble conquête de la Révolution de 1848.

L'un des plus illustres parmi les hommes politiques dont les efforts remportèrent cette vicotire sur le passé, vous avez dans un discours récent qui a retenti aux quatre coins de la Patrie, défendu avec autant d'éloquence que de raison, le drapeau d'un droit sacré, primordial, irrestrictible.

Nul nom n'a plus d'éclat et d'autorité que le vôtre en cette matière, et je voudrais pouvoir le mettre en tête de cet opuscule.

Est-ce trop prétendre?

Votre respectueux et bien dévoué,

HENRI SALLES.

Paris, 11 Juin 1874.

MON CHER CONCITOYEN,

On a souvent parlé de l'éloquence des chiffres : jamais ils n'ont eu un langage plus éloquent que dans le travail que vous voulez bien m'adresser. Ils disent avec quelle surprenante rapidité l'idée républicaine a fait, en France, la conquête des esprits et des cœurs. Vous venez d'écrire, dans la forme la plus péremptoire et de manière à rendre toute contestation impossible, l'histoire d'un progrès qui a d'avance sa place marquée dans la grande histoire des mouvements de l'intelligence humaine. Je vous félicite et je vous remercie.

Les républicains ne doivent attendre que de la souveraineté du peuple, interrogée, l'établissement de la République; votre intéressant et patriotique travail prouve que l'appel à la souveraineté du peuple par des élections générales est le meilleur moyen de fonder la République EN FAIT comme il est le seul moyen de la fonder EN PRINCIPE

Vous avez rendu, par vos laborieuses et si utiles recherches, un vrai-service à la cause démocratique.

Encore une fois, je vous remercie.

Recevez mes cordiales salutations,

LOUIS BLANC.

AVERTISSEMENT

La présente publication a sa valeur et son opportunité.

L'assentiment de l'illustre citoyen Louis Blanc, nous donne lieu d'espérer qu'elle fera son chemin et portera ses fruits.

On n'y trouvera pas de phrases, mais des chiffres, leur lumière a bien son éloquence.

L'Assemblée élue le 8 février 1871, reçut du suffrage universel un mandat parfaitement défini : il s'agissait de voter la paix ou la guerre. Ce vote émis l'Assemblée devait se dissoudre. Tout au moins son existence n'a plus eu la moindre raison d'être après l'entière libération du territoire, obtenue par la politique de M. Thiers.

Mais l'Assemblée s'est arrogé la souveraineté incommutable qui réside dans les masses populaires. Malgré son impuissance absolue, malgré les vœux multiples et répétés de la France, elle a déclaré qu'elle possédait le droit de constituer. Or tout droit confère un pouvoir. Et qu'a pu l'Assemblée? Rien. Donc son droit est chimérique.

Et elle ne l'ignore pas.

Si l'Assemblée croyait de bonne foi être en harmonie avec les aspirations de la France, elle n'hésiterait pas à se dissoudre certaine d'être réélue.

Mais non, l'Assemblée sait que le pays ne veut plus d'elle, que l'esprit moderne à irrévocablement tourné le dos à la monarchie et marche vers la République. C'est pourquoi elle persiste à vouloir vivre, quand tout lui démontre et lui crie qu'elle est bien morte.

Elle espère, par sa tenacité de fantôme, émousser la volonté nationale, arrêter la marée montante de la démocratie, condamner un grand peuple au *statu quo*, puis le ramener au moyen-âge.

Ces prétentions séniles auront le sort qu'elles méritent.

La France n'oubliera pas que ceux qui la traitent aujourd'hui avec tant de dédain étaient plus humbles, lorsqu'au 8 février 1871, ils briguèrent ses suffrages.

Il ne s'agissait pas alors de renverser la République, non certes; on n'aspirait qu'à mettre fin à la guerre; or le pays trompé, trahi, harassé, inclinait plutôt à vider ses coffres, qu'à donner le reste de son sang.

La classe agricole, surtout, souhaitait la fin des massacres, où elle disparaissait inutilement.

C'est ainsi que furent nommés les représentants du 8 février 1871, car, les monarchistes, après avoir accepté avec enthousiasme la lutte, où l'empire nous avait follement jetés renonçaient à la terminer par le fer et le feu, tandis que les républicains, qui avaient fait d'énergiques efforts pour la conjurer, brûlaient, une fois le territoire envahi, de combattre héroïquement jusqu'à la dernière bouchée de pain et jusqu'à la dernière goutte de sang, et de sauver l'honneur.

Les monarchistes ont signé la paix, la France a payé les cinq milliards, c'est bien. Nous ne revenons pas sur le passé.

Mais la France entend réparer par une sage organisation démocratique les désastrs de l'autocratie césarienne.

Elle a signifié ce vœu formel par des votes multiples et réitérés qui congédient les élus du 8 février 1871.

Malheur! aux oligarques qui résistent trop longtemps à la volonté de tout un peuple.

Ce livre renferme les chiffres des divers scrutins. On verra la défaveur croissante de l'idée monarchique et les irrésistibles progrès de l'idée républicaine.

Cela est instructif, et servira à éclairer et à fixer les opinions hésitantes.

Suit un tableau synoptique du mouvement électoral depuis le 2 juillet 1871, dressé par département, avec le nombre de votants, et les voix acquises, par les républicains, les monarchistes, les bonapartistes et les légiti-mistes.

Nous avons aussi donné la composition des divers groupes de l'Assemblée, car il est bon qu'on la connaisse.

Puisse ce petit livre être consulté par un grand nombre de lecteurs.

Si la France se désintéressait à cette heure de la question politique, c'est que cette heure serait la dernière dans sa destinée. Or, la France a encore un grand rôle à remplir. C'est la République seule qui la mettra à la hauteur de sa tache.

1.

AIN

Elections du 8 février 1871 (7 d. à élire).

Elect. insc., 106,191   Votants, 71,803.

Tendret, rép.	58,825
Germain, rép.	58,409
Rive (Francisque), rép.	58,165
Cottin, mon. (1).	56,220
Bernard, rép.	55,872
Brun (Lucien), légit.	41,505
Favre (Jules), rép.	32,837

Elections du 2 juillet 1871 (2 d. à él.) (2).

Elec. inscr., 106,191   Votants, 62,484.

Mercier, rép.	28,618
Tiersot, rép.	28,610
De Monicault, rép. (3).	19,701
Chaley, rép.	19,301
De la Chapelle, mon.	10,874
Wolff, mon.	10,197
De Mornay, légit.	3,969
Bouvet.	1,038

AISNE

Elections du 8 février 1871 (11 d. à élire).

Elect. insc., 157,845   Votants, 87,823.

Malézieux, rép.	79,926

(1) M. Cottin, le 23 juillet 1874, a voté pour la proposition Casimir Périer.

(2) Deux siéges vacants par la démission de MM. Tendret et Jules Favre.

(3) MM. de Monicault et Chaley se portaient comme républicains et se trouvaient être appuyés par le *Siècle,*

Favre (Jules), rép.   70,337
Waddington, rép.   69,709
Leroux (Aimé), rép.   65,946
Martin (Henri), rép.   63,597
De Tillancourt, rép.   57,339
Turquet, rép.   47,401
Villain, rép.   46,052
Soye, rép.   41,965
Godin, rép.   41,071
Fouquet, rép.   38,490

Elections du 2 juillet 1871 (1d. à él.) (1).

- Elect. insc., 157,259   Votants, 76,456.

Ganault, rép.   38,210
Vinchon, rép.   31,950
Dupont, mon.   2,715
Voix perdues.   3,583

ALLIER

Elections du 8 février 1871 (7 d. à élire).

Elect. inscr., 101,117   Votants, 70,549.

Martenot, mon.   51,381
Méplain, mon.   51,183
De Montaignac (l'amiral), mon.   51,103
D'Aurelle de Palad. (le gén.), mon. 51,004
Riant (Léon), mon.   50,985
Patissier, rép.   50,550
De Montlaur (le marquis), mon.   49,741

ALPES (BASSES)

Elections du 8 février 1871 (3 d. à élire).

Elect. inscr., 43,877   Votants, 25,739.

Michel, rép.   14,762

(1) Siège vacant par la démission de M. Jules Favre.

Du Chaffaut (comte), rép.   13,354
Thiers, mon.   12,455

Elections du 2 juillet 1871 (1 d. à él.) (1).

Inscrits, 43,848   Votants, 27,302.

Allemand, rép.   14,401
  Talabot (Paulin), mon.   7,412
  Picard (Arthur), mon.   3,755
  Garins, rép.   1,250

ALPES (HAUTES)

Elections du 8 février 1871 (2 d. à élire).

Elect. inscr., 34,083.   Votants, 20,928.

Chaix, rép.   11,537
De Ventavon, mon.,   8,263

Elections du 2 juillet 1871 (1 d. à él.) (2).

Elect. inscr., 34,083   Votants, 22,428.

Cézanne, rép.   14,212
  Garnier (3), rép.   7,965

ALPES-MARITIMES

Elections du 8 février 1871 (4 d. à élire).

Elect. inscr., 57,243   Votants, 29,928.

Garibaldi, rép.   20,679

(1) Un siège vacant par la démission de M Thiers.
(2) En remplacement de M Chaix, préfet du département, dont l'élection a été invalidée.
(3) M. Garnier s'était porté comme républicain.

Bergondi (1), rép.	14,619
Piccon (2), rép.	13,630
Marc-Dufraisse, rép.	13,362

Élections du 2 juil. 1871 (2 dép. à él.) (3).

Elect. insc., 61,367   Votants, 29,928.

Maure, rép.	15,868
Lefèvre (Henri), rép.	13,579
Borriglione, mon. -	10,251
Millone, mon.	9,126

ARDÈCHE

Élections du 8 février 1871 (8 d. à élire).

Elect. insc., 115,623   Votants, 73,015.

Rampon (le comte), rép.	44,709
Broët, mon. (4).	44,673
Combier, légit.	44,384
Rouveure, rép.	44,355
Tailhand, mon.	43,347
Chaurand (le baron), légit.	41,019
Destremx, rép.	39,969
Seignobos, rép.	39,258

(1) M. Bergondi, décédé en mai 1874.

(2) M. Piccon, démissionnaire en mai 1874.

(3) En remplacement de Garibaldi et Marc Dufraisse, démissionnaires

(4) M. Broët, qui avait voté pour la République au 24 mai 1873, a voté. le 23 juillet 1874, contre la proposition Casimir Périer et contre la dissolution.

ARDENNES

Élections du 8 février 1871 (6 d. à élire).

Elect. insc., 88,890   Votants, 48,578.

Toupet des Vignes, rép.	44,711
Chanzy, rép.	44,225
Gailly, rép.	32;939
Philippoteaux, rép.	28,430
Mortimer-Ternaux, mon.	17,755
De Béthune (le comte), mon.	16,715

Élections du 7 janv. 1872 (1 dép. à él) (1)

Elect. insc., 90,116   Votants, 56,996.

Robert (Léon), rép.	- 32,690
Evain, mon.	16,726
Doury. rép.	6,569

ARIÈGE

Élections du 8 février 1871 (5 d. à élire).

Elect. inc., 72,427   Votants, 46.250.

De Saintenac, légit.	31,174
De Roquemaurel (le colon.), mon.	29.564
De Nouaillan (le comte), mon.	29,542
Vidal, mon.	28,871
Aclocque, mon.	27,775

(1) En remplacement de M. Mortimer Ternaux, décédé.

AUBE

Élections du 8 février 1871 (5 d. à élire).

Elect. inc., 83,271   Votants, 52,022.

Gayot, rép.	45,315
Casimir-Périer, rép.	38,548
Parigot, mon.	33,827
Blavoyer, mon.	27,675
Lignier, rép.	25,810

Élections du 16 nov. 1873 (1 d. à él.) (1).

Elect. insc., 77,521   Votants, 61,455.

Saussier (le général), rép.,	42,274
Argence, bon.	17,844

AUDE

Élections du 8 février 1871 (6 d. à élire).

Elect. insc., 92,667   Votants, 59,434.

Buisson (Jules), mon.	35,464
Guiraud (Léon de), légit.	33,473
De Tréville (le comte de), légit.	32,014
Thiers (2), mon.	29,041
Lambert de Sainte-Croix, mon.	25,297
Mathieu de la Redorte (le cte), mon.	25,277

(1) En remplacement de M. Lignier, décédé.

(2) M. Thiers, qui depuis s'est si franchement rallié à la République, a été, aux élections de février 1871, porté en tête de la liste purement monarchiste dans un grand nombre de départements. Du reste, comme il l'a loyalement déclaré, il n'était pas encore républicain à cette époque. Nous avons donc cru devoir conserver à son élection son caractère véritable, c'est-à-dire monarchiste.

Élections du 2 juil. 1871 (1 dép. à él.) (1).

Elect. insc., 92,667   Votants, 59,434.

Brousses, rép.   34,830
  Ouvrices de Villegly (le gén.), mon. 24,475

Élections du 24 déc. 1873 (2 dép. à él.) (2).

Elect. insc., 88,362   Votants, 62,327.

Bonnel (Léon), rép.   36,371
Marcou, rép.   26,285
  Peyrusse, bon.   17,594
  Castel, bon.   17,106
  Vizé-Anduze, lég.   8,048
  Peirière, lég.   8,117

AVEYRON

Elections du 8 fév. 1871 (8 dép. à élire).

Elect. inscrits, 118,224   Votants, 65,273

Barascud, mon.   62,321
Boisse, légit.   59,841
De Bonald (le vicomte), mon.   59,563
De Valady, mon.   58,523
Delsol, mon.   57,380
Deseilligny, mon.   56,215
Lortal, mon.   56,156
Pradié, mon.   53,307

(1) En remplacement de M. Thiers, démissionnaire.

(2) En remplacement de MM. Brousses et de Gui-
raud, décédés.

BOUCHES-DU-RHONE

Elections du 8 fév. 1871 (11 dép. à élire).

Elect. inscrits, 140,189   Votants, 75,803

Pelletan, rép.	63,531
Gambetta, rép.	62,239
Thiers, mon.	52,831
Trochu, mon.	51,784
Grévy (Jules), rép.	51,164
Casimir-Périer, rép.	47,776
Lanfrey, rép.	47,323
Charette, légit.	47,253
Esquiros, rép.	46,986
Amat, rép.	46,478
Ledru-Rollin, rép.	46,418

Elections du 2 juillet 1871 (7 dép. à élire) (1).

Elect. inscrits, 124,958   Votants, 75,120

Tardieu, rép.	51,800
Gambetta, rép.	45,821
Fraissinet, rép.	40,333
Clapier (2), mon.	38,888
Laurier (Clément) (3), rép.	37,203
Rouvier, rép.	34,872
Heyriès (4), mon.	34,156
Gros (5), mon.	33,798

(1) En remplacement de MM. Gambetta, Thiers, Trochu, Grévy, Casimir Périer, Charette et Ledru-Rollin, démissionnaires.

(2) M. Clapier s'est présenté comme grand ami de M. Thiers et comme très-disposé à soutenir son gouvernement républicain.

(3) M. Laurier, qui depuis a si lestement renié son passé, a été élu en juillet commme républicain radical

(4) M. Heyriès était patronné par M. Laurier, et c'est à ce titre qu'il a pu être élu.

(5) Porté en tête de la liste monarchiste

Elections du 7 janv. 1872 (2 dép. à élire) (1).

Elect. inscrits, 135,426   Votants, 83,431.

Challemel-Lacour, rép.	47,934
Bouchet, rép.	47,513
Simonin, mon.	34,726
Roux-Larcy, mon.	33,990

Elections du 27 avril 1873 (1 dép. à élire) (2).

Elect. inscrits, 137,706   Votants, 74,334.

Lockroy, rép.	55,830
Passy (Frédéric), mon.	17,197

CALVADOS

Elections du 8 fév. 1871 (9 dép. à élire).

Elect. inscrits, 139,237   Votants, 86,564.

Bocher, mon.	77,241
D'Harcourt (duc), mon.	76,676
Delacour, mon. (3),	73,411
Balleroy (de), mon.	69,840
De Saint-Pierre, rép.	61,641
De Witt Cornélis), mon.	59,671
Bertauld, rép.	53,676
Delorme, rép.	47,983
Target (4), mon.	47,178

66,

(1) En remplacement de MM. Gambetta et Laurier, démissionnaires.

(2) En remplacement de M. Heyriès, décédé.

(3) Membre du groupe Target. Il a toujours voté contre la République.

(4) Malgré ses déclarations républicaines au 24 mai 1873, nous ne pouvons considérer M. Target que comme monarchiste, quant à présent Libre à lui de nous prouver le contraire.

Elections du 20 oct. 1872 (1 dép. à élire) (1).

Elect. inscrits, 124,657. Votants, 64,493.

Paris, rép.	28,773
De Fournès, lég.	17,691
Joret-Deslozières, mon.	15,346
De Colbert-Chabannais, bon.	2,085

Élections du 16 août 1874 (1 dép. à élire) (2).

Elec. inscrits, 122,735. Votants, 78,840.

Le Provost-Delaunay, bon.	41,710
Aubert, rép.	27,645
Fontette (le baron), lég.	8,995

CANTAL

Elections du 8 fév. 1871 (5 dép. à élire).

Elect. inscrits, 62,394. Votants, 39,429.

Bastid (Raymond), rép.	35,297
De Castellane (le marquis), mon.	24,946
Salvy, rép.	23,486
Murat-Sistrières, rép.	14,714
Durieu, rép.	13,094

CHARENTE

Elections du 8 février 1871 (7 d. élire).

Elect. insc., 114,370. Votants 70,607.

Martell, mon.	55,807
Boreau-Lajanadie, mon.	52,821
Mathieu-Bodet, mon.	51,165
De Champvallier, mon.	48,462
Ganivet (Alban), mon.	46,410
Marchand, mon.	36,806
Péconnet, rép.	33,566

(1) En remplacement de M. de Balleroy, décédé.
(2) En remplacement de M. Paris, décédé.

Elections du 2 juillet 11871 (1 d. à él.) (1).

Elect. inscr., 115,031   Votants, 62,546.

André, (2). mon.	35,358
Marrot, rép.	18,120
Laroche-Joubert, mon.	6,404

CHARENTE-INFÉRIEURE

Elections du 8 février 1871 (10 d. à élire).

Elect. inscr., 148,277. Votants 105,195.

Dufaure (3), mon.	92,730
Bethmont, rép.	86,183
Thiers, mon.	75,109
Duchatel (le comte), rép	71,569
Eschasseriaux (le baron), bon.	47,770
Vast-Vimeux, bon.	47,312
Roy de Loulay, bon.	42,544
De Chasseloup-Laubat (le mq.), bon.	42,357
Rivaille, mon.	36,723
Mestreau, rép.	32,740

Elections du 2 juillet 1871 (2 d. à él.) (4).

Elect. inscr. 148,277   Votants, 83,986.

Mestreau, rép.	35,973
Denfert-Rochereau (le colon), rép.	35,426

(1) En remplacement de M. Péconnet, décédé.
(2) M. André, en posant sa candidature, a fait acte d'adhésion à la République et il a déclaré être prêt à soutenir la politique de M. Thiers. Il a toujours voté contre la République et quelquefois avec les bonapartistes.
(3) Nous ferons, à propos de l'élection de M. Dufaure, les mêmes observations que pour celle de M. Thiers.
(4) En remplacement de M. Thiers, démissionnaire, et de M. Mestreau, élection invalidée.

Lemercier, mon.	28,969
Rouher, bon.	22,167
Murat, bon.	20,563

Elections du 27 avril 1873 (1 d. à él.) (1).

Elect. inscr. 141,575 Votants, 99,344.

Boffinton, bon.	51,072
Rigaud, rép.	47,207

CHER

Elections du 8 février 1871. (7 d. à élire).

Elect. inscr. 95,825 Votants, 67,432.

Lebrun (Simon), rép. (2)	54,348
Thiers, mon.	53,860
Vogué (le marquis), mon.	52,495
Jaubert (le comte), mon.	50,728
Fournier (Henri), mon.	50,447
Gallicher, rép.	50,310
Amy, mon.	50,256

Elections du 2 juillet 1871 (2 d. à él.) (3).

Elec. inscr., 94,731. Votants, 61,891.

De Chabaud-Latour (Art.), mon. (4).	32,420

(1) En remplacement de M. de Chasseloup-Laubat, décédé.

(2) M. Simon Lebrun, républicain de vieille date, était porté sur les deux listes.

(3) En remplacement de M Simon Lebrun, démissionnaire.

(4) M. de Chabaud La Tour fils, comme tant d'autres de ses correligionnaires, ne trouva pas prudent de laisser paraître, devant ses électeurs, ses opinions monarchistes. Il crut devoir faire acte d'adhésion au gouvernement de M. Thiers, quitte à voter contre lui après son élection.

Duvergier de Hauranne (1), rép.   32,093
   Girault, rép.   28,759
   Devoucoux, rép.   28,418

CORRÈZE

Elections du 8 février 1871 (6 d. à élire).

Elect. inscr., 81,952   Votants, 54,642

Lestourgie, mon.   35,005
Rivet, rép.   29,420
L'Ebraly, mon.   28,490
Billot le général, rép.   28,246
Jouvenel, mon.   27,967
Arfeuillères, mon.   22,596

Elections du 27 avril 1873 (1 d. à él.) (2).

Elect. inscr., 76,082   Votants, 53,140.

Latrade, rép.   38,285
   Brunet, mon.   19,332

CORSE

Elections du 8 février 1871 (5 d. à élire).

Elect. inscr., 74,498   Votants, 42,637.

Gavini, bon.   28,343
Abbatucci, bon.   26,429
Conti, bonap.   24,495
Galloni d'Istria, bon.   20,069
Limperani, rép.   16,608

(1) M. Duvergier de Hauranne s'est présenté à peu près dans les mêmes conditions que M. de Chabaud La Tour. Mais lui a fièrement rempli sa promesse, et la République le compte aujourd'hui parmi ses plus fermes défenseurs.

(2) En remplacement de M. Rivet.

Élections du 11 fév. 1872 (1 dép. à él.) (1)
Élect. inscrits, 71,473   Votants, 51.995.

Rouher, bon.	36,026
Pozzo di Borgo, légit.	8,796
Savelli, rép.	6,950

Élections du 9 juin 1872 (1 dép. à él.) (2).
Élect. inscrits, 74,433   Votants, 45,020.

Abbatucci, bon.	30,323
Savelli, rép.	14,418

CÔTE-D'OR

Élections du 8 févr. 1871 (8 dép. à élire).
Élect. inscrits, 100,404   Votants, 63,216.

Dubois, rép.	57,759
Magnin, rép.	56,624
Carnot (fils), rép.	37,434
Joigneaux, rép.	36.886
Garibaldi, rép.	35,854
Moreau, rép.	34,814
Carion, rép.	33,860
Tridon, rép.	30,756

Élections du 2 juill. 1871 (2 dép. à él.) (3).
Élect. inscrits, 116,808   Votants, 73,458.

Lévèque, rép.	41,967
Mazeaud, rép.	39,819
Cissey (le général), mon.	33,322
Darcy, mon.	31,588

(1) En remplacement de M. Abbatucci, démissionnaire
(2) En remplacement de M. Conti, décédé.
(3) En remplacement de Garibaldi et de Tridon, démissionnaires.

COTES-DU-NORD

Élections du 8 févr. 1871 (13 dép. à élire).

Élect. inscrits, 163,398 Votants, 106,809

Trochu, mon.	94,204
De Tréveneuc (comte), mon.	80,220
Depasse, mon.	79,813
Hervé de Saisy, mon. (1).	79,301
De Champagny (le vicomte), légit.	78,881
Carré-Kérisouet, rép.	73.248
Flaud, mon.	71,585
Allenou, mon.	69.121
Lorgeril (le vicomte), légit.	68,304
De Largentaye, mon.	63,845
De Boisboissel (le comte), légit.	63,016
De Foucault, mon.	58,355
Huon de Pénanster, mon.	56,440

Élections du 2 juill. 1871 (1 dép. à él.) (2).

Élect. inscrits, 166,478 Votants, 68,944.

De Janzé (le baron). rép.	65,405

Élections du 11 févr. 1872 (1 dép. à éli.) (3).

Élect. inscrits, 164,258 Votants, 88,544.

Legal-Lassalle, rép.	46,710
Kérigan (le comte), légit.	40,179

CREUSE

Élections du 8 févr. 1871 (5 dép. à élire).

Élect. inscrits, 80,083 Votants, 50,111

Delille, mon.	37.542

(1) M. Hervé de Saisy, le 23 juillet 1874, a voté pour la proposition Casimir Périer et le 29 pour la dissolution : deux votes républicains.
(2) En remplacement de M. Trochu, démissionnaire
(3) En remplacement de M. de Foucault, décédé.

De Saincthorent, légit. 34,649
De Laroche-Aymon (le marq.), mon. 32,732.
De Lavergne (Léonce), mon. (1). 30,115
Palotte, rép. 26,590

DORDOGNE

Élections du 8 févr. 1871 (10 dép. à élire).

Élect. inscrits, 142,476 Votants, 97,443.

Chadois (le colonel de), rép. 80,152
Mazerat, mon. 77,745
Dauselle, mon. 77,344
De Fortou, mon. 77,342
De Carbonnier de Marsac, mon. 76,311
Monteil, mon. 75,277
Thiers, mon. 75,272
Malleville (le marquis de), rép. 75,241
Delpit, mon. 73,521
Fourichon (l'amiral), mon. 73,993

Élections du 2 juill. 1871 (1 d. à él.) (2).

Elect. inscrits, 143,837 Votants, 87,622.

Magne, bon. 44,526
Marc-Montagut, rép. 34,307
De Nattes, légit. 4,118
Boisviel, rép. 3,509

DOUBS

Élections du 8 févr. 1871 (6 dép. à élire).

Elect. inscrits, 80,525 Votants, 51,415.

Grévy (Albert), rép. 36,910
Thiers, mon. 32,590
De Mérode, mon. 30,794

(1) M. de Lavergne a voté, le 23 juillet 1874, pour
la proposition Casimir Périer.
(2) En remplacement de M. Thiers, démissionnaire.

Ménnot-Arbilleur, rép.	29,328
De Vaulchier, mon.	26,108
Mettetal, mon.	20,031

Elections du 2 juill. 1871 (2 d. a él.) (1).

Elect. inscrits, 82,954   Votants, 54,088.

Fernier, rép.	31,831
Denfert-Rochereau, rép.	19,700
Besson, rép.	16,277
Gaudy (Félix), rép.	12,097

Elections du 7 janv. 1872 (1 d. à él.) (2).

Elect. inscrits, 80,824   Votants, 54,853.

Gaudy, rép.	25,901
Estignard, mon.	24,375
De Jouffroy, légit.	3,256

DROME

Elections du 8 févr. 1871 (6 dép. à élire).

Elect. inscrits, 99,524   Votants, 64,809.

Thiers, mon.	37,672
Bérenger, rép.	36,417
Chareton (le général), rép.	35,957
Malens, rép.	35,857
Chevandier, rép.	35,517
Lamorte, rép.	34,850

Elections du 2 juill. 1871 (2 d. à él.) (3).

Elect. inscrits, 100,516   Votants, 65,865.

| Clerc, rép. | 49,885 |

(1) En remplacement de MM. Thiers et de Mérode, démissionnaires.

(2) En remplacement de M. Denfert-Rochereau, démissionnaire.

(3) En remplacement de MM. Thiers et Lamorte, démissionnaires.

Dupuy, rép.   46,482
  La Condamine, mon.   17,899
  Du Bouchange, mon.   17,011

EURE

Elections du 12 fév. 1871 (8 d. à élire) (1).

Elect. inscrits, 122,706   Votants 73,425.

De la Roncière le Noury (l'am.), m.   52,872
Passy, mon.   51,752
D'Osmoy, rép.   49,222
De Broglie (le duc), mon.   48,128
De Prétavoine, mon.   46,374
De Salvandy, rép.   42,656
Besnard, rép.   41,090
Dupont (de l'Eure), rép.   37,749

Elections du 11 fév. 1872 (1 d. à élire) (2).

Elect. inscrits, 119,931   Votants, 71,641.

Lépouzé, rép.   33,261
  Fouquet, bon.   20,566
  De Blosseville, mon.   15,862

EURE-ET-LOIR

Elections du 8 févr. 1871 (6 dép. à élire).

Elect. inscrits, 85,164   Votants, 54,301.

Delacroix, rép.   46,737
Vingtain, mon.   36,056
Lefèvre-Pontalis (Amédée), mon.   28,211
De Gouvion St-Cyr (le marq.), m.   26,522
De Pontoi-Pontcarré (le marq.), m.   23,701
Noël Parfait, rép.   22,663

(1) Les élections dans l'Eure eurent lieu le 12 février au lieu du 8.
(2) En remplacement de M. Dupont (de l'Eure), décédé.

FINISTÈRE

Elections du 8 févr. 1871 (13 dép. à élire).

Elect. inscrits, 162,667   Votants, 95,262.

Thiers, mon.	63,714
Leflô (le général), mon.	62,145
Bienvenüe, mon.	60,370
De Chamaillard, mon.	58,307
Dumarnay, mon.	58,023
De Kersoson, légit.	57,541
De Kermenguy (le vicomte), légit.	57,124
De Tréveneuc (le vicomte), légit.	55,915
Trochu, mon.	55,422
Monjaret de Kerjégu, mon.	55,342
De Marhalhach, légit.	55,134
De Forzanz (le vicomte), légit.	51,352
De Legge (le comte), légit.	46,011

Elections du 2 juill. 1871 (4 d. à élire) (1).

Elect. insc., 169,980   Votants, 93.916

Morvan, rép.	59,619
Rousseau, rép.	58,837
Lebreton, rép.	58,331
De Pompéry, rép.	57,571
De Carné, légit.	33,658
Leguen, légit.	33,529
Cloarec, légit.	32,191
De Saisy, légit.	31,269

Elections du 14 déc. 1873 (1 d. à élire) (2).

Elect. insc., 158,536 . Votants, 106,357

Swiney, rép.	62,788
Leguen, légit.	43,337

(1) En remplacement de MM. Thiers, de Kersoson, Trochu et de Marhallach, démissionnaires.
(2) En remplacement de M. de Tréveneuc, decédé.

2.

GARD

Elections du 8 février 1872 (9 d. à élire).

Elect. insc., 137,326   Votants, 95,143.

De Chabaud-Latour (le général), m.	60;446
Thiers, mon.	60,019
Benoît-d'Azy, mon.	57,070
De Valfons (le marquis), mon.	56,729
De Crussol d'Uzès (le duc), mon.	56;189
De Tarteron, légit.	55,848
Boyer, légit.	54,522
De Larcy (le baron), légit.	52,603
Baragnon, mon.	49,649

Elections du 2 juill. 1871 (2 d. à élire) (1).

Elect. insc., 134,644   Votants, 97,257.

Laget, rép.	52,071
Cazot, rép.	52,949
Blanchard, légit.	44;108
De Brissac, légit.	40,982

Élections du 7 janv. 1872 (1 d. à élire) (2).

Elect. insc., 133,866   Votants, 100,408.

Laget, rép.	53,510
Benoît-d'Azy, mon.	46,629

GARONNE (HAUTE)

Elections du 8 fév. 1871 (10 dép. à élire).

Elect. insc., 143,872   Votants, 98,699.

Gatien-Arnoult (3), rép.	84,542

(1) En remplacement de MM. Thiers et Benoît-d'Azy, démissionnaires.

(2) En remplacement de M. Laget, dont l'élection avait été invalidée.

(3) MM. Gatien Arnoult, de Rémusat et Humber étaient portés sur les deux listes, républicaine et monarchiste.

De Rémusat, rép. 83,428
Humbert, rép. 81,264
Piou, mon. 80,716
De Lassus (le baron), mon. 79,379
D'Auberjon, mon. 78,037
Sacaze, mon. 68,546
De Brettes-Thurin (le comte), légit., 63,654
Depeyre, mon. 63,227
De Belcastel, légit. 63,123

Élections du 12 oct. 1873 (1 d. à élire) (1).
Elect. insc., 139,726   Votants, 103,215.

De Rémusat (Charles), rép. 71,042
Niel (2), mon. 31,396

GERS

Élections du 8 févr. 1871 (6 dép. à élire).
Elect. insc., 93,283   Votants, 74,830.

Batbie, mon. 59,860
Dumon, légit. 59,621
D'Abbadie de Barrau (le comte), lég. 59,004
Luro, mon. 58,739
Lacave-Laplagne, mon. 58,131
De Rességuier (le comte), mon. 57,535

GIRONDE

Élections du 8 fév. 1871 (14 dép. à élire).
Elect. insc., 207,101   Votants, 132,349

Thiers, mon. 105,958
De Carayon-Latour, légit. 103,688
Décazes (duc), mon. 103,332

---

(1) En remplacement de M. d'Auberjon, démissionnaire.
(2) M. Niel était le candidat des bonapartistes et
des monarchistes.

De Lur-Saluces (le marquis), légit. 99,457
Changarnier, mon.   99,199
Martin des Pallières (le gén.), légit. 98,402
Princeteau, mon.   98,278
Dufaure, mon.   97,838
Journu, mon.   97,741
D'Aurelle de Paladines, mon.   96,796
Richier, mon.   96,502
Adrien (Léon), mon.   96,416
Bonnet (Adrien), mon.   95,446
Johnston, mon.   94,944

Élections du 2 juill. 1871 (4 dép. à él.) (1).

Elect. insc., 201,514   Votants, 129,970

Fourcand, rép.   78,965
Larrieu (Amédée), rép.   78,427
Simiot, rép.   76,841
Sansas, rép.   75,345
  Rouher, bon.   29,264
  David (Jérôme), bon.   28,830
  De Bouville, bon.   27,734
  Dréolle, bon.   27,214
  Pellé (le général), mo n.   25,439
  Marange, mon.   22,530
  Régis, mon.   20,994
  De Sèze, mon.   20,587

Élections du 20 oct. 1872 (1 d. à élire) (2).

Elect. insc., 198,728   Votants, 115,045

Caduc, rép.   66,308
  De Forcade La Roquette, bon.   47,041

---

(1) En remplacement de MM. Thiers, Changarnier, Dufaure et d'Aurelles de Paladines, démission-naires.
(2) En remplacement de M Richier.

Elections du 27 av. 1873 (1 d. à élire) (1).

Elect. insc., 202,015   Votants, 118,420.

Dupouy, rép.	75,153
Maître, mon.	39,015

Élections du 29 mars 1874 (1 d. à élire) (2).

Elect. insc., 201,428 Votants, 147,518

Roudier, rép.	74,544
Bertrand (le général), bon.	47,918
Larrieu (l'amiral), mon.	24,366

HÉRAULT

Elections du 8 fév. 1871 (8 dép. à élire).

Elect. insc., 141,397   Votants, 88,483.

Thiers, mon.	56,126
Dufaure, mon.	53,803
Bouisson, mon.	51,724
Vitalis, mon.	51,282
De Grasset, légit.	51,199
Dupin (Félix), mon.	50,418
Viennet, mon.	50,092
De Rodez-Bénavent, légit.	49,404

Elections du 2 juill. 1871 (2 d. à élire) (3).

Elect. insc., 140,493   Votants, 90,104.

Arrazat, rép.	51,683
Castelnau, rép.	50,589
De Grasset, légit.	38,766
De Castellane, légit.	38,946

(1) En remplacement de M. Journu, démissionnaire.

(2) En remplacement de M. Larrieu, décédé,

(3) En remplacement de MM. Thiers et Dufaure.

ILLE-ET-VILAINE

Élections du 8 fév. 1871 (12 d. à élire) (1).
Elect. insc. 142,751   Votants, 109,672.

Trochu, mon.	106,366
Thiers, mon.	104,705
Brice (René), rép. (2),	102,740
Loysel (le général), mon.	92,820
Bidard, légit.	90,783
Carron, légit.	90,277
Du Temple, légit.	88,749
Audren de Kerdrel, mon.	88,347
Grivart, mon.	88,611
De La Borderie, légit.	88,266
De Cintré (le comte), légit.	87,999
De Kergariou (le comte), légit.	87,719

Élections du 2 juillet 1871 (3 d. à él.) (3).
Elect. inscr., 154,136.   Votants, 96,483.

Cissey (le général de), mon. (4).	60,593
Jouin, rép.	53,150
Roger-Marvaise, rép.	52,128
De la Grandière, mon.	45,558
Du Dezerzeul, mon.	43,571
Jumelais, mon.	37,348

(1) Le nombre des votants, d'après le *Journal officiel*, n'était que de 89,672. Nous avons pensé que c'était là une erreur typographique et qu'il fallait plutôt lire 109,672.

(2) M. Brice était porté sur la liste monarchisté et sur la républicaine.

(3) En remplacement de MM. Trochu, Thiers et Audren de Kerdrel, démissionnaires.

(4) M. de Cissey, de même que MM. Jouin et Roger-Marvaise, avait fait acte d'adhésion à la République. On pourrait donc considérer son élection comme républicaine

INDRE

Elections du 8 février 1871 (5 d. à élire).

Elect. inscr., 79,432   Votants, 60,496.

Balsan, mon.	50,340
De Bondy (le comte), mon.	45.970
Dufour, mon.	39,990
Clément (Léon), mon.	38,946
Bottard, rép.	33,767

INDRE-ET-LOIRE

Elections du 8 février 1871 (6 d. à élire).

Elect. inscr., 88,223   Votants, 57,443.

Houssard (1), rép.	64,288
Gouin, rép.	57,934
Hulin, mon.	53,092
Deligny (le général), mon.,	51,774
De Bridieu (le marquis), légit.	50,157
Wilson, rép.	31,302

Elections du 2 juillet 1871 (1 d. à él.)(2).

Elect. inscr., 96,397   Votants, 57,443.

Guinot, rép.	35,265
Rose, mon.,	11,131
Calmon, rép.	8,049
De Puisségur, légit.	1,970

Elections du 20 octobre 1872 (1 d. à él.) (3).

Elect. inscr., 95,821   Votants, 61,350.

Nioche, rép.	31,151
Schneider, bon.	29,539

(1) MM. Houssard et Gouin ont voté au 24 mai pour la République.
(2) En remplacement de M. Deligny, démissionnaire.
(3) En remplacement de M. de Bridieu, décédé.

ISÈRE

Elections du 8 février 1871 (12 d. à élire).

Elect. inscr., 161,589   Votants, 103,489.

Riondel, rép.	95,289
Michal-Ladichère, rép.	63,817
Eymard-Duvernay, rép.	63,672
Breton (Paul), rép.	63,147
Reymond (Ferdinand), rép.	61,387
De Quinsonas, mon.	59,166
De Combarieu, rép. -	59,140
Jocteur-Montrosier, mon.	58,048
Jourdan, mon.	57,165
Gueidan, mon.	56,627
Casimir Périer, rép.	54,490
Chaper, mon.	53,811

Elections du 2 juillet 1871 (1 d. à él.) (1).

Elect. inscr., 164,704   Votants, 108,351.

Denfert-Rochereau (le colon.), rép.	81,021
De Vinoy (le général), mon.	26,444

Elections du 7 janvier 1872 (1 d. à él.) (2).

Elect. inscr., 163,903   Votants, 72,457.

Brillier, rép.	67,686
Jouffroy, légit.	2,546

JURA

Elections du 8 février 1871 (6 d. à élire).

Elect. inscrits, 89,769   Votants, 49,963.

Grévy (Jules), rép.	49,159

---

(1) En remplacement de M. Casimir Périer, démissionnaire.

(2) En remplacement de M. Denfert-Rochereau, démi.sionnaire.

Tamisier (le général), rép.   28,163
Besson (Paul), mon.   27,758
Reverchon, rép.   24,242
Thurel, rép.   23,950
Lamy, rép.   22,192

Elections du 27 avril 1873 (1 d. à él.) (1).

Elect. inscr., 81,335   Votants, 60,865.

Gagneur, rép.   42,309
De Morena, légit.   17,620

LANDES

Elections du 8 février 1871 (6 d. à élire).

Elect. inscr., 84,409   Votants, 54,902.

Lefranc (Victor), rép.   51,586
Duclerc, rép.   47,526
De Dampierre (le marquis), mon.   40,440
De Maleville (Léon), rép.   36,248
Thiers, mon.   35,940
De Gavardie, mon.   30,119

Elections du 2 juillet 1871 (3 d. à él.) (2).

Elect. inscr., 84,844   Votants, 55,536.

Boucau, rép.   37,436
Duprat (Pascal), rép.   33,309
Loustalot, rép.   28,741
Turpin, mon.   21,511
De Ravignan, mon.   20,215
De Lavigerie, mon.   17,424

LOIR-ET-CHER

Elections du 8 février 1871 (5 d. à élire).

Elect. inscr., 78,521   Votants, 49,247.

Bozérian, rép.   32,402

(1) En remplacement de M. Reverchon, décédé.
(2) En remplacement de MM. Duclerc, Thiers et de Maleville, démissionnaires.

Thiers, mon.	27,649
Ducoux, mon.	19,938
De Sers (le marquis), mon.	19,042
Tassin, rép.	18,417

Elections du 2 juillet 1871 (1 d. à él.) (1).

Elect. inscr., 73,302   Votants, 53,871.

Dufay, rép,	30,443
Andral, mon.	15,592
Martinet, bon.	7,683

Elections du 11 mai 1873 (1 d. à él.) (2)

Elect. inscr., 76,180   Votants, 55,008.

Lesguillon, rép.	35,820
Couteau, rép. (3)	10,227
Martinet, bon.	8,237

LOIRE

Elections du 8 février 1871 (11 d. à élire).

Elect. inscr., 141,347   Votants, 85,738.

Dorian, rép.	79,508
Thiers, mon.	50,665
Montgolfier, mon.	49,949
Trochu, mon.	49,315
Jullien, mon.	49,100
Boullier, mon.	48,629
De Sugny, mon.	48,571
De Meaux (le vicomte), mon.	48,088

(1) En remplacement de M. Thiers, démissionnaire.
(2) En remplacement de M. Ducoux, décédé.
(3) Dans sa profession de foi, M. Couteau s'était
déclaré républicain conservateur.

Cunit, rép. 47,831
Arbel, rép. 47,704
Callet, mon. 46,938

Élections du 2 juil. 1871 (2 députés à él.) (1)

Elect. inscrits, 142,945 Votants, 76,134

Chavassieu, rép. 47,357
Cherpin, rép. 46,489
Genton, mon. 28,385
De Poncius (le comte), mon. 28,180

Elections du 12 oct. 1873 (1 député à él.) (2)
Elect. inscrits, 140,025 Votants, 86,662

Reymond, rép. 61,480
Faure-Belon, mon. 25,061

LOIRE (HAUTE)

Elections du 8 fév. 1871 (6 députés à él.)

Elect. inscrits, 82,454 Votants, 53,428.

Vinay (Henri), mon. 37,027
De Flaghac (le baron), mon. 36,347
Malartre, mon. 33.350
Calemard de Lafayette, mon. 32,801
De Vinols (le baron), mon. 26,636
De Chabron (le général), mon. 26,554

LOIRE-INFÉRIEURE

Elections du 8 fév. 1871 (12 députés à él.)

Elect. inscrits, 155,400 Votants, 95,827

Babin-Chevayo, rép. 71,613

(1) En remplacement de MM. Thiers et Trochu, démissionnaires.
(2) En remplacement de M. Dorian, décédé.

Cheguillaume, mon.	71,375
Doré-Graslin, mon.	70,747
De la Pervanchère, mon.	66,531
De Juigné (le comte), mon.	66,254
De la Rochette, légit.	64,214
De Cornulier-Lucinière (le c.), lég.	63,938
Lallié, mon.	63,913
Dezanneau, légit.	61,668
De Fleuriot, mon.	51,602
Ginoux de Fermon (le comte), bon.	49,881
Simon (Fidèle), rép.	40,632

LOIRET

Éléctions du 8 fév. 1871 (7 députés à él.)

Elect. inscrits, 101,348   Votants, 59,480

Cochery, rép.	58,247
Robert de Massy, rép.	53,710
Thiers, mon.	48,528
Petau, mon.	35,418
Crespin, rép.	35,366
D'Aboville, légit.	32,341
Dupanloup (évêque d'Orléans), mon.	28,210

Elections du 2 juill. 1871 (1 d. à él.) (1).

Elect. inscrits, 101,156   Votants, 57,115

D'Harcourt (le comte), mon. (2)	30,356
Despond, rép.	25,649

(1) En remplacement de M. Thiers, démissionnaire.

(2) M. d'Harcourt, en posant sa candidature, a fait
acte d'adhésion à la République et s'est déclaré dis-
posé à soutenir le gouvernement de M. Thiers.

LOT

Elections du 8 févr. 1871 (6 dép. à élire).

Elect. inscrits, 91,760   Votants, 71,438

Limayrac, mon.	42,382
Pagès-Duport, mon.	42,162
De Lamberterie, mon.	40,922
De Valon, mon.	38,993
Rolland, rép.	37,841
Murat (le comte Joachim), bon.	31,874

LOT-ET-GARONNE

Elections du 8 févr. 1871 (6 dép. à élire).

Elect. inscrits, 105,696 - Votants, 72,526

Thiers, mon.	58,934
De Chaudordy (le comte), mon.	58,076
Baze, mon.	57,107
Sarrette, mon.	55,825
Cazenove de Pradines, légit.	55,283
De Bastard (le comte), mon.	55,266

Elections du 2 juill. 1871 (1 d. à élire (1).

Elect. inscrits, 106,753   Votants, 78,091

Faye, rép.	49,181
De Gondrecourt, mon.	27,515

LOZÈRE

Elections du 8 fév. 1871 (3 dép. à élire).

Elect. inscrits, 40,089   Votants, 25,502

De Colombet, légit.	14,218
De Chambrun (le comte), mon.	12,227
Roussel, rép.	9,272

(1) En remplacement de M. Thiers, démissionnaire.

MAINE-ET-LOIRE

Elections du 8 fév. 1871 (11 dép. à él.)(1).
Elect.inscrits, 151,588   Votants, 120,174

Beulé (2), mon.	101,364
Joubert (Ambroise), mon.	101,248
Delavau, mon.	101,166
Montrieux, mon.	100,847
Chatelain, mon.	100,067
Max Richard, rép.	99,791
De Maillé (le comte), mon.	99,338
De Durfort de Civrac (le comte), m.	98,847
De la Bouillerie, légit.	98,258
Mayaud, mon.	96,920
De Cumont (le vic. Arthur), mon.	96,495

MANCHE

Elections du 8 fév. 1871 (11 dép. à élire).
Elect. inscrits, 150,678   Votants, 88,856

De Joinville (le prince), mon.	77,634
Daru (le comte), mon.	75,827
De Saint-Pierre (Louis), mon.	73,743
Legrand (Arthur), bon.	72,427
D'Auxais, légit.	72,390
De Saint-Germain, mon.	71,122
De la Germonière, mon.	70,071
Gaslonde, mon.	65,713
Savary, mon.	65,573
Lenoël, rép.	63,073
Foubert, rép.	59,725

(1) Voir à la page 70 l'élection du 13 sept. 1874.
(2) M. Beulé, décédé en avril 1874.

Elections du 2 juill. 1871 (1 d. à él.) (1).

Elect. inscrits, 149,202   Votants, 67,216

De Tocqueville (le comte), rép.	38,320
Malicorne, mon.	27,580

MARNE

Elections du 8 fév. 1871 (8 dép. à élire).

Elect. inscrits, 112,261   Votants, 68,852

Leblond, rép.	51,960
Margaine, rép.	50,157
Warnier, rép.	39,863
Flye-Sainte-Marie, rép.	37,124
Simon (Jules), rép.	34,927
Thomas (Dʳ), rép.	34,581
Perrier, mon.	33,292
Dauphinot, rép.	33,288

Elections du 27 avril 1873 (1 d. à él.) (2).

Elect. inscrits, 111,539   Votants, 76,518

Picart, rép.	41,266
Boissonnet (le général), mon.	23,146
Royer-Collard (3), rép.	6,922
Barbat de Vignicourt, légit.	4,281

MARNE (HAUTE)

Elections du 8 fév. 1871 (5 dép. à élire).

Elect. inscrits, 75,184   Votants, 50,334

De Joinville (le prince), mon.	45,648
De Lespérut (le baron), bon.	42,865

(1) En remplacement de M. de Joinville, démissionnaire.

(2) En remplacement de M. Flye-Sainte-Marie, démissionnaire.

(3) M. Royer-Collard s'est présenté comme républicain conservateur.

De Beurges (le comte), mon.   35,109
Peltereau–Villeneuve, mon.   24,172
Dubreuil de Saint-Germain, mon. 20,905

Élections du 29 mars 1871 (1 dép. à él.) (1).

Elect. inscrits, 74,149   Votants, 60,794

Danelle-Bernardin, rép.   35,785
  De Lespérut, fils, mon.   24,358

MAYENNE

Elections du 8 févr. 1871 (7 dép. à élire).

Elect. inscrits, 100,820 Votants, 64,326.

De Vauguyon, mon.   62,974
Vilfeu, mon.   62,829
Le Châtelain, mon.   62,428
Le Lasseux, mon.   62,379
Bigot, mon.   61,144
Gaulthier de Vaucenay, mon.   61,144
Bouiller de Branche, mon.   60,751

Elections du 2 juill. 1871 (1 dép. à él.) (2).

Elect. inscrits, 97,748   Votants, 60,402.

Duboys-Fresnay, rép.   41,896
  Brunet de la Charrie, mon.   18,260

MEURTHE-ET-MOSELLE

Élections du 8 févr. 1871 (9 dép. à élire).

Elect. inscrits, 101,896   Votants, 69,749.

Varroy, rép.   64,745
Viox, rép. (3).   56,013
Brice, rép.   54,777

(1) En remplacement de M. de Lespérut, décédé.
(2) En remplacement de M. de Vauguyon, décédé.
(3) Décédé le 29 juin 1874.

Laflize, rép.	53,569
Claude, rép.	48,083
Ancelon, rép.	47,296
Berlet, rép.	46,610
Deschange (1), rép.	44,685
Bamberger, rép.	35,632

MEUSE

Elections du 8 févr. 1871 (6 dép. à élire).

Elect. inscrits, 89,314   Votants, 40,190.

Bompard, rép.	27,561
Benoit, mon.	24,044
Billy, rép.	21,309
Grandpierre, rép.	20,150
Picard (Ernest), rép.	19,914
Gillon (Paulin), légit.	16,382

MORBIHAN

Élections du 8 févr. 1871 (10 dép. à élire).

Elect. inscrits, 119,710   Votants, 72,319

Trochu, mon.	68,528
Audren de Kerdrel, mon.	56,830
De Savighac, légit.	56,759
De la Monneraye, légit.	56,711
Dahirel, légit.	55,499
De Kéridec, légit.	55,260
Bouché, mon.	54,978
De Pioger, légit.	54,652
Jaffré (l'abbé), légit	54,487
Fresneau, légit.	54,448

(1) MM. Deschanges et Bamberger, nommés dans la Meurthe et les seuls des députés de ce département qui ne donnèrent pas leur démission, entrèrent à faire partie de la représentation de Meurthe-et-Moselle à la formation de ce département.

Elections du 2 juill. 1871 (1 dép. à él.) (1).

Elect. inscrits, 120,027   Votants, 62,276

De Gouvello, légit.	33,773
Beauvais, rép.	19,804
Bargaut, rép.	8,471

Elections du 20 oct. 1872 (1 dép. à él.) (2).

Elect. inscrits, 117,461   Votants, 78,093

Martin, légit.	43,062
Beauvais, rép.	34,928

Elections du 27 avr. 1871 (1 dép. à él.) (3). **187**

Elect. inscrits, 123,231   Votants, 82,360

Du Bodan, légit.	47,222
Beauvais, rép.	32,911

NIÈVRE

Elections du 8 fév. 1871 (7 dép. à élire).

Elect. insc., 97,485   Votants, 64,512

Ducrot (le général), mon.	46,139
Lebas, rép.	41,037
Girerd, rép.	36,435
Martin, mon.	33,910
De Bouillé, mon.	33,532
Paultre, mon.	33,428
Benoît d'Azy (le comte). mon.	30,793

Elections du 27 av. 1873 (1 dép. à él.) (4).

Elect. insc., 96,367   Votants, 65,442

Thurigny, rép.	33,071
Gillois, mon.	31,927

(1) En remplacement de M. Savighac, décédé.
(2) En remplacement de M. Bouché, démissionnaire.
(3) En remplacement de M. Trochu, démissionnaire.
(4) En re lacement de M. Paultre, décédé.

Elections du 12 oct. 1873 (1 d. à élire) (1).

   Elect: insc., 95,488   Votants, 68,696

Thurigny, rép.	39,986
Gillois, mon.	28,310

Elections du 24 mai 1874 (1 d. à élire) (2)

   Elect. insc., 96,628   Votants, 74,298

De Bourgoing (3), bon.	37,568
Gudin, rép.	32,119
De Pazzis, lég.	4,573

NORD

Elections du 8 fév. 1871 (28 dép. à élire).

   Elect. insc., 320,471   Votants, 262,927

Corne, rép.	252,239
Thiers, mon.	225,115
Lambrech, mon.	217,455
Brame, bon.	213,859
Boduin, mon.	213,778
Roger du Nord (le comte), rép.	212,895
Descat, mon.	210,305
Brabant, mon.	207,946
Bottieau, bon.	207,877
Leurent, mon.	207,871
Maurice, mon.	206,898
Kolb-Bernard, légit.	206,037
De Lagrange (le baron), mon.	205,474
De Corcelle, mon.	205,439
D'Hespel (le comte), mon.	205,316

(1) Election du 27 avril invalidée.
(2) En remplacement du général Ducrot, démissionnaire
(3) L'élection de M. de Bourgoing, sur laquelle l'Assemblée n'a pas encore statué, a donné lieu à de nombreuses protestations qui pourraient bien la faire invalider.

De Staplande, mon.	204,932
De Melun (le comte), mon.	204,908
De Marcère, rép.	204,588
De Brigode (1), mon.	203,255
Beaucarne-Leroux, mon.	202,549
De Mérode (le comte), mon.	202,544
Plichon, bonap.	202,252
Pajot, mon.	202,076
Théry, légit.	198,650
Vente, mon.	188,719
Wallon, bonap.	181,217
Des Rotours, bonap.	177,252
Changarnier, mon.	138,148

Elections du 2 juill. 1871 (2 d. à élire) (2).

Elect. insc., 325,463 · Votants, 208,885

Faidherbe (le général), rép.	151,470
Testelin, rép.	137,146
Dupont, mon.	62,528
De Néronchelles, mon. ·	55,438

Elections du 7 janv. 1872 (2 d. à élire) (3)

Elect. inscr., 319,652 Votants, 164,242

Dupont, mon.	82,837
Derégnaucourt, rép.	82,136
Soins, rép.	81,695
Bergerot, mon.	81,373

Elections du 9 juin 1873 (1 d. à élire) (4).

Elect. insc., 318,246 Votants, 216,065

Derégnaucourt, rép.	126,588
Bergerot, mon.	86,738

(1) Décédé en mai 1874.
(2) En remplacement de MM. Thiers et Changarnier, démissionnaires.
(3) En remplacement du général Faidherbe, démissionnaire, et de M. Lambrech, décédé.
(4) Election de M Derégnaucourt du 7 janvier, invalidée.

OISE

Elections du 8 févr. 1871 (8 dép. à élire).

Elect. insc., 118,856   Votants, 73,957

Leroux, mon.	54,498
D'Aumale (le duc), mon.	52,270
Desjardins, mon.	44,952
De Mornay (le marquis), mon.	43,783
Perrot (1), mon.	35,676
De L'Aigle, mon.	34,680
De Kergolay (le comte), mon.	27,749
Labitte, mon.	26,230

Elections du 20 oct. 1872 (1 d. à élire) (2)

Elect. insc., 115,948   Votants, 74,508

Gérard, rép.	37,720
Rousselle (André), rép.	31,715

ORNE

Elections du 8 fév. 1871 (8 dép. à élire).

Elect. insc., 118,264   Votants, 65,515

D'Audiffret-Pasquier (le duc), m.	60,226
De La Sicotière, mon. (3),	57,820
Gévelot, rép.	56,535
Grollier, rép.	54,038
Christophle, rép.	53,413
Beau (Amédée), mon.	53,443
Thiers, mon.	52,043
Duportail, mon.	49,824

(1) M. Perrot, décédé en mai 1874.
(2) En remplacement de M. Leroux, décédé.
(3) M. de La Sicotière a voté pour la proposition Casimir Périer.

Elections du 2 juill. 1871 (1 d. à élire (1).

Elect. insc., 121,251   Votants, 65,261

Lherminier, rép.	24,954
Donon, rép.	13,997
Dès Montès, mon.	13,964
De Vigneral, légit.	10,763

PAS-DE-CALAIS

Elections du 8 fév. 1871 (15 dép. à élire)

Elect. inscrits, 208,544   Votants, 155,240

Martel, rép.	147,867
Thiers, mon.	144,678
Adam, mon.	140,944
De Partz (le marquis), légit.	141,029
Wartelle de Retz, mon.	139,356
Douai, mon.	137,868
De Fouler de Relingue (2), mon.	137,636
Paris, mon.	137,368
De Bryas (le comte), mon.	136,483
De Clercq, mon.	135,502
De Diesbach, légit.	135,106
Hamille, bon.	134,706
De Rincquesen, mon.	133,032
Dusaussoy, mon.	133,149
De St-Malo, légit.	129,996

Elections du 2 juillet 1871 (1 dép. à élire) (3)

Elect. inscrits, 200,444   Votants, 140,118

Faidherbe (le général), rép.	103,438
De Melun (le comte), mon.	34,967

(1) En remplacement de M. Thiers, démissionnaire.
(2) M. Fouler de Relingue, décédé en mai 1874
(3) En remplacement de M. Thiers, démissionnaire.

Elections du 7 janv. 1872 (1 dép. à élire)(1).

Elect. inscrits, 207,721 . Votants, 132,906

Levert, bon.	74,629
Langlet, rép.	56,148

Elections du 8 fév. 1874 (1 dép. à élire (2).

Elect. inscrits, 202,403   Votants, 141,334

Sens, bon.	72,457
Brasme, rép.	67,606

PUY-DE-DOME

Elections du 8 fév. 1871 (11 dép. à élire).

Elect. inscrits, 170,450   Votants, 94,822

Bardoux, rép.	81,205
Roux, rép.	78,164
Girol-Pouzol, rép.	76,429
Moulin, rép.	74,927
De Barante (le baron), mon.	49,738
De Lacombe, mon.	47,885
Tallon, mon.	47,185
De Féligonde, légit.	45,093
De Chabrol, mon.	45,063
De Douhet (le comte), mon.	41,166
Vimal-Dessaignes, légit.	40,582

Elections du 2 juillet 1871 (1 dép. à élire)(3).

Elect. inscrits, 170,459   Votants, 92,015

Salneuve, rép.	67,743
Aubergier, mon.	22,985

(1) En remplacement de M. Faidherbe
(2) En remplacement de M. de Rinquesen, décédé
(3) En remplacement de M. Girol-Pouzol, démissionnaire.

Élections du 12 oct. 1873 (1 dép. à élire)(1).

Elect. inscrits, 168,337   Votants, 81,384

Girol–Pouzol   78,713

PYRÉNÉES (BASSES)

Elections du 8 fév. 1871 (9 dép. à élire).

Elect. insrits, 110,495   Votants, 60,296

Lacaze, rép.	58,734
Barthe (Marcel), rép.	53,047
De Lestapis, rép.	51,615
Renaud, rép.	51,477
Duclerc, rép.	46,788
Jaureguiberry (l'amiral), rép.	41,768
De Gontaut-Biron (le vicomte), lég.	41,262
Dufaur, mon.	40,587
Daguenet, mon.	39,656

Elections du 7 janv. 1872 (1 dép. à élire)(3).

Elect. inscrits, 109,216   Votants, 72,993

Chesnelong, mon.	40,668
De Noailles (le marquis), rép.	31,599

PYRÉNÉES (HAUTES)

Elections du 8 fév. 1871 (5 dép. à élire).

Elect. inscrits, 67,003   Votants, 42,776

De Goulard, mon.	32,776
Adnet, mon.	31,540
Desbons, mon.	30,191
De Franclieu (le marquis), légit.	28,129
Ducuing, rép.	15,718

(1) En remplacement de M Moulin, décédé.
(2) M. Girol-Pouzol n'a pas eu de concurrent.
(3) En remplacement de l'amiral Jaurréguiberry, démissionnaire.

PYRÉNÉES-ORIENTALES

Elections du 8 fév. 1871 (4 dép. à élire).

Elect. inscrits, 54,120   Votants, 29,916

Arago (Emmanuel), rép.	23,122
Guiter, rép.	22,562
Lefranc (Pierre), rép.	20,691
Arago (Etienne), rép.	19,352

Élections du 2 juillet 1871 (1 dép. à élire) (1).

Elect. inscrits, 54,589   Votants, 37,339

Escarguel, rép.	20,632

RHIN (HAUT) BELFORT (2)

Élections du 2 juillet 1871 (1 dép. à élire).

Elect. inscrits, 14,760   Votants, 9,723

Keller, mon.	6,253
Denfert-Rochereau (le col.), rép.	6,765

RHONE

Elections du 8 fév. 1871 (13 dép. à élire).

Elect. inscrits, 185,134   Votants, 115,587

Ducarre, rép.	78,621
Leroyer, rép.	77,556
Favre (Jules), rép.	55,368
Bérenger, rép.	72,696
Trochu, mon.	70,588
Morel, mon.	65,667
Glas, mon.	63,394

(1) En remplacement de M. Etienne Arago, démissionnaire.
(2) Circonscription électorale formée de ce qui nous reste du département du Haut-Rhin.

Flotard, rép.	64,304
Mangini, rép.	60,222
Perret, rép. (1)	59,514
De Laprade, mon.	58,507
De Mortemart (le marquis), légit.	57,353
De Saint-Victor, légit.	56,291

Elections du 2 juil. 1871 (2 dép. à élire) (2).

Elect. inscrits, 186,639   Votants, 114,632

Millaud, rép.	61,268
Ordinaire, rép.	60,453
Guérin, rép.	20,694
Denfert (le colonel), rép.	20,612
Tavernier, rép.	19,574

Election du 11 mai 1853 (2 dép. à élire) (3).

Elect. inscrits, 187,455   Votants, 132,029

Ranc (4), rép.	90,225
Guyot, rép.	89,896
Desgranges, mon.	41,765
Jacquier, mon.	41,344

SAONE (HAUTE)

Elections du 8 février 1871 (6 d. à élire).

Élect. insc., 90,897   Votants, 34,563.

Dufournel, mon. (5).	24,210
D'Andelarre (le marquis), mon.	23,649

(1) M. Perret a voté le 24 mai contre M. Thiers ; le 23 juillet 1874, il a voté pour la proposition Casimir Périer et il s'est abstenu dans la question de dissolution.

(2) En remplacement de MM Trochu et de Laprade, démissionnaires.

(3) En remplacement de MM. Bérenger et Morel.

(4) M. Ranc a été condamné à mort par contumace, pour participation aux affaires de la Commune.

(5) M. Dufournel, le 24 juillet 1874, a voté pour la proposition Casimir Périer.

De Marmier, mon.	22,828
De Grammont (le marquis), mon.	23,454
Ricot, mon.	17,028
Courcelle, mon.	16,034

Elections du 8 févr. 1874 (1 d. à él.) (1).

Elect. insc., 90,536   Votants, 65.963.

Hérisson, rép.	37,050
De Marmier, mon.	28,86

SAONE-ET-LOIRE

Elections du 8 février 1871 (12 d. à élire).

Elect. insc., 170,025.   Votants, 106,977.

Rolland, rép.	71,197
Thiers, mon.	70,735
Renaud, rép.	69,639
Duréault, rép.	69,490
Changarnier, mon.	69,096
Pélissier (le général), rép.	68,190
Alexandre, rép.	67,454
Mathieu, mon.	67,239
Jordan, mon.	66,495
De Guiche (le marquis), mon.	65,359
Puvis de Chavannes, mon.	64,819
Daron, rép.	59,197

Elections du 2 juillet 1871 (3 dép. à él.) (2).

Elect. insc., 170,329   Vót., 103,778.

De Lacretelle, rép.	78,232
Guillemaut (le général), rép.	78,074
Boysset, rép.	69,746

(1) En remplacement de M. de Marmier, décédé
(2) En remplacement de MM. Thiers, Changarnier
et Puvis de Chavannes, démissionnaires.

Michon, mon.	31,523
Cornudet, mon.	26,779
De Longeville, mon.	24,399

SARTHE

Élections du 8 février 1871 (9 d. à élire).

Elect. insc., 132,468   Votants, 82,736.

Vétillart, mon.	57,834
Gasselin de Fresnay, mon.	54,995
De Talhouet (le marquis), mon.	54,952
Bernard-Dutreuil, mon.	53,534
Busson-Duvivier), mon.	53,308
Caillaux, mon.	50,508
Haentjens, bon.	50,467
De Juigné (le marquis), légit.	48,990
De Larochefouc.-Bissacia (duc), légit.	41,207

SAVOIE

Élections du 8 février 1871 (5 d. à élire).

Elect. insc., 68,478   Votants, 38,285.

Carquet, rép.	20,537
Viallet, rép.	19,627
Parent, rép.	19,519
Guinard, rép.	19,419
Costa de Beauregard, mon.	19,339

Élections du 7 janv. 1872 (1 d. à él.) (1).

Grange, mon.	21,527
Jacquemart, rép.	20,427

(1) En remplacement de M. Viallet.

SAVOIE (HAUTE)

Elections dn 8 février 1871 (5 d. à élire).

Elect. insc., 73,825   Votants, 37,302.

Philipp, rép.	30,940
Duparc, rép.	28,194
Chardon, rép.	26,440
Taberlet, rép.	25,457
Silva, rép.	21,402

Elections du 2 juillet 1871 (1 d. à é). (1).

Elect, insc., 76,099   Votants, 38,078.

Folliet, rép.	24,032
D'Yvoire, mon.	13,493

SEINE

Elections du 8 février 1871 (43 d. élire).

Elect. insc., 547,858   Votants, 328,970.

Louis Blanc, rép.	216,471
Victor Hugo, rép.	214,169
Garibaldi, rép.	200,065
Edgar Quinet, rép.	199,008
Gambétta, rép.	191,211
Rochefort, rép.	163,248
Säisset (l'amiral), mon. (2).	154.347
Delescluze, rép.	153,897
Joigneaux, rép.	153,314
Schœlcher, rép.	149,918
Félix Piat, rép.	141,118
Martin (Henri). rép.	139,155

(1) En remplacement de M. Philipp.
(2) Les manifestations républicaines de M. l'amiral Saisset pendant le siége ont pu faire croire qu'il s'était sincèrement rallié à la République. C'est donc comme républicain qu'il a été lu en février.

Pothuau, rép.	138,142
Lockroy, rép.	134,635
Gambon, rép.	129,573
Dorian, rép.	128,197
Ranc, rép.	126,572
Malon, rép.	117,253
Brisson (Henri), rép.	115,710
Thiers, mon.	102,245
Martin-Bernard, rép.	102,188
Sauvage, rép.	102,590
Marc-Dufraisse, rép.	101,192
Greppo, rép.	101,001
Langlois, rép.	95,756
Frébault (le général), rép.	95,235
Clémenceau, rép.	95,048
Vacherot, rép.	94,394
Brunet, rép. (1).	93,145
Floquet, rép.	93,438
Cournet, rép.	91,648
Tolain, rép.	89,160
Littré, rép.	87,780
Favre (Jules), rép.	81,126
Arnaud de l'Ariège, rép.	79,710
Ledru-Rollin, rép.	76,736
Léon Say, rép.	75,739
Tirard, rép.	75,178
Razoua, rép.	74,415
Adam (Edmond), rép.	73,217
Millière, rép.	73,145
Peyrat, rép.	72,243
Farcy, rép.	69,798

Elections du 2 juill. 1871 (21 d. à élire) (2).

Elect. insc., 458,774   Votants, 290,813

Wolowski, rép.	147,042

(1) M. Brunet a été républicain avancé jusqu'à son
élection.

(2) En remplacement de MM. Victor Hugo, Garibaldi, Gambetta, Rochefort, Delescluzes, Joigneaux,

André, rép.	131,208
Pernolet, rép.	129,907
Louvet, mon.	126,417
Diez-Monin, rép.	120,280
De Pressensé, rép.	118,975
Gambetta, rép.	118,327
Corbon, rép.	117,828
Morin, rép.	115,537
Denormandie, rép. (1),	112,589
De Cissey, mon.	109,780
Krantz, rép.	108,319
De Plœuc, mon.	108,261
Scheurer-Kestner, rép.	108,038
Laboulaye, rép.	107,775
Lefébure, mon.	106,502
Laurent-Pichat, rép.	101,360
Sebert, rép.	99,446
Brelay, rép.	98,428
Drouin, mon.	95,766
Moreau, mon.	94,913
Bonvalet, rép.	94,655
Pierrard, rép.	92,994
D'Haussonville, mon.	88,582
De Flavigny, mon.	88,099
Le Berquier, rép.	87,705
Freppel, rép.	83,368
Deschanel, rép.	79,265
Hérisson, rép.	78,875
Floquet, rép.	77,958
Lockroy, rép.	77,144
Mottu, rép.	76,242
Ranc, rép.	72,656
Ténot, rép.	72,303

Schœlcher, Félix Pyat, Henri Martin, Lockroy, Gambon, Dorian, Ranc, Malon, Clémenceau, Floquet, Cournet, Jules Favre, Ledru-Rollin, Razoua et Millière, démissionnaires.

(1) M. Denormandie a voté : le 24 mai contre M. Thiers; le 23 juillet 1874, pour la proposition Casimir Périer et le 29 juillet contre la dissolution.

Loiseau–Pinson, rép.	76,710
Coquerel, rép.	68,409
Grosjean, rép.	67,668
Hérold, rép.	67,144
Broca, rép.	65,782
Nadaud, rép.	64,245
Allain-Targé, rép.	62,647
Asseline, rép.	62,429
Vautrain, rép.	59,754
Victor Hugo, rép.	57,854
Menier, mon.	56,805
Raspail, rép.	54,454
Adam, rép.	50,084
Stupuy, rép.	35,129
Seinguerlet, rép.	33,057

Elections du 7 janv. 1872 (1 dép. à él.) (1).

Elect. inscrits, 454,418 Votants, 231,910

| Vautrain, rép. | 122,395 |
| Victor-Hugo, rép. | 95,910 |

Élections du 27 avr. 1873 (1 dép. à éli.) (2)

Elect. inscrits, 457,049 Votants, 342,656

Barodet, rép.	180,045
De Rémusat (Charles), rép.	135,028
Stoffel, mon. (3),	26,664

SEINE-INFÉRIEURE

Élections du 8 févr. 1871 (16 dép. à élire).

Elect. inscrits, 159,174 Votants, 104,315

Thiers, mon.	84,858
Trochu, mon.	83,536
Buisson, rép.	80,468

(1) En remplacement de M. de Cissey, démissionnaire.
(2) En remplacement de M. Sauvage, décédé.
(3) M. Stoffel était le candidat des légitimistes et des bonapartistes réunis.

Pouyer-Quertier, mon.	80,287
Cordier, rép.	80,107
Lanel, rép.	79,709
Dufaure, mon.	79,518
De Montaignac (l'amiral), mon.	79,490
Savoye, mon.	77,570
Anisson-Duperron, mon.	77,232
De Bagneux (le comte), légit.	77,226
Buée, rép.	77,598
Des Roys (le marquis), mon.	76.827
Vitet, mon.	76,317
Peulvé, rép.	75,428
Ancel, mon.	75,385

Élections du 2 juill. 1871 (4 dép. à él.) (1).

Elect. inscrits, 206,414 Votants, 115,759

Nétien, rép.	91,639
Le Bourgeois, mon.	60,623
Robert (le général),	60,511
Duval (Raoul), mon. (2)	58,387
Deschamps, rèp.	42,410
Lebaron (le général) rép.	41,289
Bazan, rép.	40,851
Gambetta, rép.	38,835

Élections du 16 nov. 1873 (1 dép. à él.) (3).

Elect. inscrits, 173,577 Votants, 132,664

Letellier-Valazé (le général), rép.	82,958
Desgenetais, mon.	48,811

SEINE-ET-MARNE

Élections du 8 févr. 1871 (7 dép. à élire).

Elect. inscrits, 98,778 Votants, 43,606

De Choiseul (Horace), rép.	36,298

(1) En remplacement de MM. Thiers, Trochu, Dufaure et de Montaignac, démissionnaires.

(2) M. Raoul Duval a voté, le 29 juillet 1874, pour la dissolution.

(3) En remplacement de M. Vitet, décédé.

De Lafayette (Oscar), rép.	34,032
De Lasterye (1), mon.	29,008
Voisin, rép.	27,815
D'Haussonville (le vicomte), mon.	25,031
Joson, rép.	23,199
De Ségur (le comte Louis), mon.	15,044

SEINE-ET-OISE

Elections du 8 fév. 1871 (11 dép. à élire).

Elect. inscrits, 130,425   Votants, 74,249

Barthélemy-Saint-Hilaire, rép.	47,224
Rameau, rép.	40,437
Lefèvre-Pontalis (Antonin), mon.	25,472
Feray (Ernest), rép.	25,355
Say (Léon), rép.	24,454
Picard (Ernest), rép.	20,739
Carnot père, rép.	20,189
Thiers, mon.	19,860
Favre (Jules), rép.	18,470
Gambetta, rép.	18,537
Journault, rép.	19,771

Elections du 2 juill. 1871 (5 d. à él.) (2).

Elect. inscrits, 132,708   Votants, 81,398

De Pourtalès (le comte), rép. (3)	68,629
De Jouvencel, rép.	51,173
Labélonye (4), rép.	48,825
Hèvre, rép.	47,967
Schérer, rép.	47,694
D'Oissel (Hélie), mon. (5).	37,316

(1) M. de Lasteyrie a voté pour la proposition Casimir Périer.

(2) En remplacement de MM. Léon Say, Ernest Picard, Thiers, Jules Favre et Gambetta, démissionnaires.

(3) M. de Pourtalès, décédé le 4 septembre 1874.

(4) Décédé en avril 1874.

(5) Porté en tète de la liste monarchiste.

Elections du 14 déc. 1873 (1 d. à él.) (1).

Elect. inscrits, 143,627   Votants, 98,202

Calmon, rép.	56,525
Lévesque, mon.	39,136

SÈVRES (DEUX)

Elections du 8 fév. 1871 (7 dép. à élire).

Elect. inscrits, 99,102   Votants, 66,073

Monnet, mon.	60,673
Aymé de la Chevrelière, mon.	58,120
Taillefert, mon.	53,232
Tribert, mon (2).	47,807
De la Rochejaquelein (le marq.), lég.	45,130
Mazure (le général), mon.	40,315
Ricard, rép.	36,188

SOMME

Elections du 8 fév. 1871 (41 dép. à élire).

Elect. inscrits, 167,913   Votants, 109,614

Faidherbe (le général), rép.	102,915
Dompierre d'Hornoy (l'amir.), m.	102,072
Changarnier, mon.	101,799
Blin de Bourdon, mon.	96,987
Magniez, rép.	96,299
De Rainneville, mon.	95,890
Courbet-Poulard, mon.	95,197
De Beauvillé, mon.	94,298
Gaulthier de Rumilly, rép.	93,995
De Rambures, mon.	93,774
Calluaud, rép.	86,314

(1) En remplacement de M. de Jouvencel, décédé.
(2) A voté en faveur de la proposition Casimir-Périer et pour la dissolution.

Elections du 2 juill. 1871 (2 d. à él.) (1).

Elect. inscrits, 164,901 Votants, 115,084

Faidherbe (le général), rép.	96;298
Goblet, rép.	75,503
X..., mon.	19,695

Élections du 7 janv. 1872 (1 d. à él.) (2).

Elect. inscrits, 165,520   Votants, 95,982

Dauphin, rép.	52,876
Barni, rép.	40,664

Elections du 9 juin 1872 (1 d. à él.) (3).

Elect. inscrits, 164,262 Votants, 112,283

Barni, rép.	54,820
Cornuau, bon.	36,653
Lejeune, rép.	19,562

TARN

Elections du 8 février 1871 (7 d. à lire).

Elect. inscr., 112,556.   Votants, 78,096.

Daguilhon-Lasselve, mon.	59,099
Le Camus (Alexandre), rép.	58,181
Jammes, mon.	58,141
Trochu, mon.	57,913
Guibal, rép.	53,570
Decazes (le baron), mon.	52,107
De Bermond, mon.	39,508

(1) En remplacement de MM. Faidherbe et Calluaud.

(2) En remplacement de M. Faidherbe, démissionnaire.

(3) En remplacement de M. Dauphin, décédé.

Elections du 2 juillet 1871 (1 d. à él.) (1.)

- Elect. inscr., 112,120.   Votants, 68,621.

Jaurès (l'amiral), rép.	45,111
De Soins (le géneral), mon.	22,656

TARN-ET-GARONNNE

Elections du 10 février 1871 (4 d. à élire).

Electe. insc. 74,336.   Votants, 53,345.

De Maleville (Léon), rép.	37,858
Prax-Paris, bon.	35,692
De Limairac, lég.	34,013
Lespinasse, mon.	32,666

VAR

Elections du 8 février 1871 (6 d. à élire)·

Elect. inscr., 89,272.   Votants, 41,928.

Brun, rép.	39,877
Gambetta, rép.	30,277
Barbaroux, rép.	28,316
Ledru-Rollin, rép.	25,892
Dufaure, mon.	24,130
Jaureguiberry, rép.	25,065

Élections du 2 juillet 1871 (5 d. à él.) (2).

Elect. inscr., 89,095.   Votants, 50,812.

Laurier, rép. (3).	29,786
Dréo, rép.,	29,748

(1) En remplacement de M. Trochu, démissionnaire

(2) En remplacement de MM. Gambetta, Barbaroux,
Ledru-Rollin, Dufaure et Jauréguiberry.

(3) Encore une fois, nous ferons remarquer que
M. Laurier a été élu comme républicain, et dans le
Var il l'a été grâce au désistement d'un vétéran de la
démocratie, M. Paul Cotte.

Gambetta, rép.	29,528
Ferrouillat, rép.	29,484
Daumas, rép.	29,045
Bruat (L'amiral), mon. (1).	21,969

Elections du 7 janvier 1872 (1 d. à él.) (2).
Elect. inscr., 88,104. Votants, 46,320.

Cotte (Paul), rép.	30,176
De Clappier, mon.	15,614

VAUCLUSE

Elections du 8 février 1871 (5 d. à élire).
Elect. Inscr., 84,059. Votants, 58,280.

Pin (Elzear), rép.	32,749
Gent, rép.	32,711
Delord (Taxile), rép.	32,076
Poujade, rép.	31,833
Naquet (Alfred), rép.	31,786

Elections du 2 juillet 1871 (5 d. à él.) (3).
Elect. inscr., 83,952. Votants, 59,323

Monier, rép.	35,284
Pin (Elzear), rép.	35,228
Delord (Taxile), rép.	35,124
Gent, rép.	34,002
Naquet (Alfred), rép.	32,580
Maynard, mon.	25,553
Chaufford, mon.	25,235
Barcilon, mon.	24,165
De Gaillard, mon.	23,738
De Laborde, mon.	23,230

(1) En remplacement de M. Gambetta, démission-naire.
(2) Premier sur la liste monarchiste.
(3) En remplacement de MM. Pin, Gent, Delord, Poujade, Naquet, démissionnaires le 7 mars.

Elections du 1 mars 1874 (1 d. à él.) (1).

Elect. inscr., 82,626. Votants, 59,982.

Ledru-Rollin, rép.	31,534
De Biliotti, mon.	27,953

VENDÉE

Elections du 8 fév. 1871 (8 dép. à élire).

Elect. inscrits, 115,060   Votants, 69,934.

Godet de la Ribouillerie, mon.	65,147
Trochu, mon.	64,946
Vandier, mon.	61,741
De Puiberneau, mon.	60,476
Bourgeois, mon.	59,748
De la Bassetière, légit.	59,221
Giraud, mon.	53,871
De Fontaine, mon.	53,467

Elections au 2 juill. 1871 (1 d. à él.) (2).

Elect, inscrits, 114,695   Votants, 61,498

Beaussire, rép.	34,475
De la Boutelière, mon.	25,987

VIENNE

Elections du 8 fév. 1871 (6 dép. à élire).

Elect. inscrits, 96,467   Votants, 66,269

Thiers, mon.	60,205
De la Rochethulon, mon.	56,839
Serph, mon.	56,506
Laurenceau (le baron), mon.	55,417
Merveilleux-Duvignaux, mon.	55,082
Ernoul, mon.	54,720

(1) En remplacement de M. Monier, démission-naire.

(2) En remplacement de M. Trochu, démission-naire.

Elections du 2 juill. 1871 (1 d. à él.) (1).

Elect. inscrits, 95,051   Votants, 49,840

De Soubeyran (le baron), bon..   32,380
   De Ladmirault, mon.   12,841
   Gambetta (2), rép.   4,123

Élections du 1er mars 1874 (1 d. à él.) (3).

Elect. inscrits, 91,419   Votants, 66,040

Lepetit, rép.   34,189
   De Beauchamp (4), mon.   31,214

VIENNE (HAUTE)

Élections du 8 fév. 1871 (7 dép. à élire).

Elect. inscrits, 85,830   Votants, 62,174

Saint-Marc-Girardin, mon.   43,880
Mallevergne, mon.   43,786
De Peyramont, mon.   43,761
Teisserenc de Bort, rép   43,466
Benoist du Buis, mon.   43,242
Soury-Lavergne, légit.   42,788
Charreyron (Jacques), mon.   43,107

Élections du 7 janv. 1872 (1 d. à él.) (5).

Elect. inscrits, 85,224   Votants, 42,739

Charreyron (Jean-Baptiste), mon.   22,236
   Ninard, rép.   11,528
   Tallandier, rép.   5,898

(1) En remplacement de M. Thiers, démissionnaire.
(2) Un certain nombre d'électeurs de la Vienne ont cru devoir voter pour M. Gambetta, bien que celui-ci n'eût-pas posé sa candidature dans ce département.
(3) En remplacement de M. Laurenceau, décédé.
(4) M de Beauchamp s'est présenté comme candidat des partis monarchistes.
(5) En remplacement de M. Charreyron.

Élections du 11 mai 1873 (1 d. à élire) (1).

Elect. inscrits, 84,660   Votants, 50,330

Périn (Georges), rép.	37,508
Saint-Marc-Girardin fils, mon.	17,527

VOSGES

Elections du 8 fév. 1871 (8 dép. à élire).

Elect. inscrits, 114,746   Votants, 54,148

Buffet, mon.	39,332
De Ravinel, mon.	32,476
Claude, rép.	31;366
Aubry, légit.	31,135
Ferry (Jules), rép.	23,595
Contaut, rép.	22,703
George (Emile), rép.	21,444
Steinheil, rép.	21,290

Elections du 20 oct. 1872 (1 d. à él. (2).

Elect. inscrits, 112,181   Votants, 58,923

Meline, rép.	32,160
Mougeot (3), rép.	25,868

YONNE

Elections du 8 fév. 1871 (7 dép. à élire).

Elect. inscrits, 112,657   Votants, 69,543

Charton, rép.	57,721
Javal, rép.	39,937
Rampont, rép.	39,939
Rathier, rép.	37,499

(1) En remplacement de M. Saint-Marc Girardin, décédé.
(2) En remplacement de M. Steinheil.
(3) M. Mougeat s'était présenté comme républicain conservateur.

Lepère, rép.   36,592
Guichard, rép.   33,238
Raudot, mon.   32,217

Elections du 9 juin 1872 (1 d. à élire).

Elect. inscrits, 111,547   Votants, 70,541

Bert (Paul), rép.   34,827
    Javal, rép.   21,578
    De Clermont-Tonnerre, mon.   13,095

MAINE-ET-LOIRE

Elections du 13 septembre 1874 (1 d. à él.)

Elect. inscrite, 155.943   Votans, 98,448

Maillé, rép. (1).   45,359
    Bruas, mon.   26,093
    Berger, bonap.   25,570

M. Maillé n'ayant pas obtenu la majorité absolue, un deuxième tour de scrutin aura lieu le 27 septembre 1874.

ALGERIE

ALGER

Elections du 8 fév. 1871 (2 dép. à élire).

Elect. inscrits, 21,248 Votants, 16,579

Gambetta, rép.	12,423
Garibaldi, rép.	10,606

Elections du 9 juill. 1871 (2 d. à él.) (1).

Elect. inscrits, 21,707 Votants, 12,393

Vuillermoz, rép.	6,871
Warnier, rép.	6,030
Berthelon, rép.	5,682
Crémieux, rép.	5,340

Elections du 20 oct. 1872 (1 d. à él.). (2).

Elect. inscrits, 15,833 Votants, 10,410

Crémieux, rép.	5,525
Berthelon, rép.	4,135

CONSTANTINE

Elections du 8 février 1871 (2 députés à él.)

Elect. inscrits, 11,522 Votants, 7,821

Lucet, rép.	4,303
Colas, rép.	3,845

(1) En remplacement de MM. Gambetta et Garibaldi, démissionnaires.
(2) En remplacement de M. Vuillermoz.

ORAN

Elections du 8 fév. 1871 (2 députés à él.) (1)

Elect. inscrits, 10,247   Votants, 8.517

Andrieux, rép.	7,060
Gambetta, rép.	6,142

Elections du 9 juil. 1871 (2 députés à él.) (2)

Elect. inscrits, 10,960   Votants, 7,193

Lambert, rép.	5,059
Jacques, rép.	2,288
Desbrousses, mon.	2,121
Poujade, mon.	2,139
De Saint Maur, mon.	1,874
De Nusauge, mon.	539

Elections du 7 Janv. 1872 (2 députés à él.)

Elect. inscrits, 10,729   Votants, 7,937

Jacques, rép.	5,123
Lambert, rép.	5,037
Desbrousses, mon.	3,670
Lambert de Saint-Maur, mon.	1,926

(1) En remplacement de MM. Andrieux et Gambetta, démissionnaires.

(2) Les deux élections de juillet avaient été annulées, celle de M. Lambert parce qu'il était préfet du département moins de six mois avant l'élection et celle de M. Jacques pour irrégularités.

COLONIES

MARTINIQUE

Élections du 12 mars 1871 (2 députés à él.)(1)
Elect. inscrits, 35,520   Votants,

Schœlcher, rép.	4,834
Pory-Papy (1), rép.	4,550

Élections du 9 août 1874 (1 dép. à élire) (2)
Elect. inscrits, 35,350   Votants, 6,322

Godissart. rép. -	6,208

GUADELOUPE

Élections du 9 avril 1871 (2 députés à él.) (3)
Elect. inscrits, 29,722   Votants, 4,250

Bloncourt (4), rép.	3,322
Rollin, rép.	2,756

---

(1) M. Pory-Papy, décédé en décembre 1873.
(2) Second tour de scrutin Au premier M. Godissart avait été élu par 5,648 voix sur 5,890 votants.
(3) Une première élection avait eu lieu le 29 mars 1871, mais les élus n'ayant pas obtenu le huitième des électeurs inscrits, on dut procéder à une seconde.
(4) M. Melvil-Bloncourt a été condamné à mort, en juin 1874, pour participation aux actes de la Commune.

Elections du 5 octobre 1873 (1 d. à él.) (1).
Elect. inscr., 30,190.   Votants, 7,852.

Casse (Germain), rép.   6,063
  Isambert, rép.   1,550
  De Cassagnac (Paul), bon.   174

GUYANE

Elections du 2 avril 1871 (1 député à élire.)
Elect. inscr., 5,737.   Votants, 3,140.

Schœlcher, rép.   ♦   2,762

Elections du 27 août 1871. (1 d. à él.) (3).
Elect. inscr. 5,476.   Votants, 3,473.

Marck, rép.   2,088
  Ursleur, mon.   986

SÉNÉGAL

Elections du 26 mars 1871 (1 d. à élire).
Elect. inscr., 4,277.   Votants, 1,980.

Lafon de Fongaufier, rép.   1,186

---

(1) En remplacement de M. Rollin, démissionnaire.

(2) Résultat du deuxième tour de scrutin. Le premier tour avait donné :
    Electeurs inscrits, 30,190 Votants, 10,771
    MM. Casse (Germain),   5,973
        De Cassagnac (Paul), 2,552
        Isambert,   2,136

(3) En remplacement de M. Schœlcher, démissionnaire.

RÉUNION

Elections du 20 octobre 1870 (2 d. à él.) (1).

Elect. inscr., 31,650.   Votants, 14,218

La Serve, rép.   12,804
De Mahy, rép.   12,109

INDES-FRANÇAISES

Elections du 20 octobre 1870 (1 dép. à él.)

Elect. inscr. 47,424.   Votants, 29,606.

Desbassayns de Richemont, lég.   13,957

(1) Les élections avaient eu lieu le 20 octobre 1870,
en vertu du décret de la Délégation de Tours du 30
septembre.

Depuis le 8 février 1871, 18 séries d'élections partielles à l'Assemblée nationale, ont eu lieu dans 69 départements et 3 colonies.

Cent quatre-vingt-trois députés ont été nommés, et se divisent d'après leurs opinions politiques, comme suit :

Républicains (1)	**151**
Monarchistes	**20**
Bonapartistes	**9**
Légitimistes	**3**
Total..	**183**

(1) Quelques explications sont peut-être nécessaires pour justifier les dénominations que nous avons adoptées pour désigner les différents partis dont se compose l'Assemblée.

La République étant une organisation sociale ouverte à tous les individus et toujours susceptible d'être modifiée, ceux qui veulent son établissement définitif sont républicains.

Les bonapartistes réclament le rétablissement de l'Empire avec la dynastie napoléonienne.

Les légitimistes n'admettent d'autre monarchie que celle qui dérive du prétendu droit divin. Le comte de Chambord seul en est le représentant.

Enfin, nous désignons par le mot de monarchistes, ceux dont les convictions ne sont ardentes que contre la République, mais qui accepteraient un régime monarchique quelconque ; orléanistes par sympathie, ils s'accomoderaient cependant de la Royauté pure et au besoin, même de l'Empire.

Ces trois derniers partis unis dans leur haine contre la République, mais profondément divisé sur les principales questions fondamentales de politique, s'excluent réciproquement ; les événements parlementaires qui se sont produits depuis le 24 mai 1873, le prouvent suffisamment.

LISTE DE MM. LES DÉPUTÉS

A L'ASSEMBLÉE NATIONALE

Abbadie de Barrau (le comte),	Gers
Abbatucci,	Corse
Aboville (le vicomte· d'),	Loiret
Aclocque,	Ariége
Adam (Edmond),	Paris (Seine)
Adam,	Pas-de Calais
Adnet,	Hautes-Pyrénées
Adrien (Léon),	Gironde
Aigle (le comte de l'),	Oise
Alexandre (Charles),	Saône-et-Loire
Allemand,	Basses-Alpes
Allenou,	Côtes-du-Nord
Amat,	Bouches-du-Rhône
Amy,	Cher
Ancel,	Seine-Inférieure
Ancelon,	Meurthe-Moselle
André (Alfred),	Seine
André,	Charente
Andelarre (le marquis d'),	Haute-Saône
Anisson-Duperron,	Seine-Inférieure

Arago (Emmanuel),	Pyrénées-Orientales
Arbel,	Loire
Arfeuillères,	Corrèze
Arnaud (de l'Ariége),	Seine
Arrazat,	Hérault
Aubry,	Vosges
Audiffret-Pasquier (le duc d'),	Orne
Aumale (le duc d'),	Oise
Aurelle de Paladines (le g. d'),	Allier
Audren de Kerdrel,	Morbihan
Auxais (d'),	Manche
Aymé de la Chevrelières,	Deux-Sèvres
Babin-Chevaye,	Loire-Inférieure
Bagneux, (le c. de),	Seine-Inférieure
Balzan,	Indre
Bamberger,	Meurthe-et-Moselle
Baragnon,	Gard
Barante (le baron de),	Puy-de-Dôme
Barascud,	Aveyron
Bardoux,	Puy-de-Dôme
Barni,	Somme
Barodet,	Seine
Barthe (Marcel),	Basses-Pyrénées
Barthélemy-S.-Hilaire,	Seine-et-Oise
Bastard (le c. Octave de),	Lot-et-Garonne
Bastide (Raymond),	Cantal
Batbie,	Gers
Baucarne-Leroux,	Nord
Baze,	Lot-et-Garonne
Beau (Amédée),	Orne
Beaussire,	Vendée
Beauvillé (de),	Somme
Belcastel (de),	Haute-Garonne
Benoist-d'Azy (le comte),	Nièvre
Benoist du Buis,,	Haute-Vienne
Benoit,	Meuse
Bérenger,	Drôme
Berlet,	Meurthe-et-Moselle
Bermond (de),	Tarn

Bernard (Charles)	Ain
Bernard (Martin),	Seine
Bernard-Dutreil,	Sarthe
Bert,	Yonne
Bertauld,	Calvados
Besnard,	Eure
Besson (Paul),	Jura
Bethmont,	Charente-Inférieure
Béthune (le comte de),	Ardennes
Beurges,	Haute-Marne
Bidard,	Ile-et-Vilaine
Bienvenüe,	Finistère
Bigot,	Mayenne
Billot (le général),	Corrèze
Billy,	Meuse
Blavoyer,	Aube
Blanc (Louis),	Seine
Blin de Bourdon (le vic.)	Somme
Bocher,	Calvados
Boduin,	Nord
Boffinton,	Charente-Inférieure
Bois-Boissel (le c. de),	C.-du-Nord
Boisse,	Aveyron
Bompard,	Meuse
Bonald, (le vic. de),	Aveyron
Bondy (le comte de),	Indre
Bonnet,	Gironde
Boreau-Lajanadie,	Charente
Bottard,	Indre
Bottieau,	Nord
Bonnel (Léon),	Aude
Boucau,	Lande
Bouchet,	Bouches-du-Rhône
Bouillé (le comte de),	Nièvre
Bouisson,	Hérault
Bourgoing (le baron de),	Nièvre
Bouillier (Auguste),	Loire
Bouiller de Branche,	Mayenne
Bourgeois,	Vendée

Boyer,	Gard
Boysset,	Saône-et-Loire
Bozérian,	Loir-et-Cher
Brabant,	Nord
Brame (Jules),	Nord
Breuil de S.-Germ. (du),	Hte-Marne
Brelay,	Seine
Breton, (Paul),	Isère
Brettes-Thurin (le c. de),	Hte-Garonne
Brice (Réné),	Ile-et-Vilaine
Brice,	Meurthe-et-Moselle
Brillier,	Isère
Brisson (Henri),	Seine
Broët,	Ardèche
Broglie (le duc de),	Eure
Brun (Lucien),	Ain
Brun (Charles),	Var
Brunet,	Seine
Bryas (le comte de),	Pas-de-Calais
Buée.	Seine-Inférieure
Buffet,	Vosges
Buisson (Jules),	Aude
Buisson,	Seine-Inférieure
Busson-Duviviers,	Sarthe
Caduc,	Gironde
Caillaux,	Sarthe
Calemard de la Layette,	Haute-Loire
Callet,	Loire
Calmon,	Seine-et-Oise
Carayon-Latour (de),	Gironde
Carbonnier de Marsac,	Dordogne
Carion,	Côte-d'Or
Carnot père,	Seine-et-Oise
Carnot fils, (sidi),	Côte-d'Or
Carquet,	Savoie
Carré-Kerisouët,	Côtes-du-Nord
Carron,	Ille-et-Vilaine
Casimir Périer,	Aube
Casse (Germain),	Guadeloupe

Castellane (le marquis de),	Cantal
Castelnau,	Hérault
Cazenove de Prad. (de),	Lot-et-Garonne
Cazot,	Gard
Cézanne,	Hautes-Alpes
Chabaud-Latour (le g. b. de),	Gard
Chabaud-Latour (Arthur de),	Cher
Chabrol (de),	Puy-de-Dôme
Chabron (le général de),	Haute-Loire
Chadois (le colonel de),	Dordogne
Challemel-Lacour,	Bouches-du-Rhône
Chamaillard (de),	Finistère
Chambrun (le comte de),	Lozère
Champagny (le vic. de),	Côtes-du-Nord
Champvalier (de),	Charente
Changarnier(le gén. de),	Saône
Chanzy (le général),	Ardennes
Chaper,	Isère
Chardon,	Haute-Savoie
Chareton (le général),	Drôme
Charreyron,	Haute-Vienne
Charton,	Yonne
Chatelin,	Maine-et-Loire
Chaudordy (le c. de),	Lot-et-Garonne
Chaurand (le baron de),	Ardèche
Chavassieu,	Loire
Cheguillaume,	Loire-inférieure
Cherpin,	Loire
Chesnelong,	Basses-Pyrénées
Chevandier,	Drôme
Choiseul (Horace de),	Seine-et-Marne
Christophle,	Orne
Cintré (le comte de),	Ille-et-Vilaine
Cissey (le général de),	Ille-et-Vilaine
Clapier,	Bouches-du-Rhône
Claude,	Meurthe-et-Moselle
Claude,	Vosges
Clément,	Indre
Clerc,	Drôme

Clercq (de),	Pas-de-Calais
Cochery,	Loiret
Colas,	Constantine
Colombet (de),	Lozère
Combarieu (de),	Isère
Combier,	Ardèche
Contaut,	Vosges
Corbon,	Seine
Corcelle (de),	Nord
Cordier,	Seine-Inférieure
Corne,	Nord
Cornulier-Lucinière (le c. de)	L.-Inf.
Costa de Beauregard (le marquis),	Savoie
Cotte	Var
Cottin (Paul),	Ain
Courbet-Poulard,	Saône
Courcelle,	Haute-Saône
Crémieux,	Alger
Crespin,	Loiret
Crussol d'Uzès (le duc de),	Gard
Cumont (le vic. Arthur de),	M.-et-Loire
Cunit,	Loire
Danelle-Bernardin,	
Daguenet;	Basses-Pyrénées
Daguilhon-Lasselve,	Tarn
Dahirel,	Morbihan
Dampierre (le marquis de),	Landes
Daron,	Saône-et-Loire
Daru (le comte),	Manche
Daumas,	Var
Dauphinot,	Marne
Daussel,	Dordogne
Decazes (le baron),	Tarn
Decazes (le duc),	Gironde
Delacour,	Calvados
Delacroix,	Eure-et-Loire
Delavau	Maine-et-Loire
Delille,	Creuse
Delord (Taxile)	Vaucluse

Delorme,	Calvados
Delpit (Martial)	Dordogne
Delsol,	Aveyron
Denfert-Rochereau (le col. d'),	Ch.-Inf.
Denormandie,	Seine
Depasse,	Côtes-du-Nord
Depeyre,	Haute-Garonne
Deregnaucourt,	Nord
Des Bassayns de Richemont (le c.),	Indes-F.
Desbons	Hautes-Pyrénées
Descat,	Nord
Deschange,	Meurtre-et-Moselle
Deseilligny,	Aveyron
Desjardins,	Oise
Destremx,	Ardèche
Dezanneau,	Loire-inférieure
Diesbach (le comte de),	Pas-de-Calais
Dietz-Monnin,	Seine
Dompierre-d'Hornoy (l'amiral de),	Somme
Doré-Graslin,	Loire-Inférieure
Douay,	Pas-de-Calais
Douhet (le comte de),	Puy-de-Dôme
Dréo,	Var,
Drouin,	Seine
Du Bodan,	Morbihan
Dubois,	Côte-d'Or
Dubois-Fresnay (le gén.),	Mayenne
Ducarre,	Rhône
Du Chaffaut,	Basses-Alpes
Duchatel (le comte de),	Char.-Inférieure
Duclerc	Basses-Pyrénées
Ducuing,	Hautes-Pyrénées
Dufaure (Xavier),	Basses-Pyrénées
Dufaur (Jules),	Char.-Inférieure
Dufay,	Loir-et-Cher
Dufour,	Indre
Dufournel,	Haute-Saône
Dumarnay,	Finistère
Dumon,	Gers

Dupanloup (évèque d'Orléans), Loiret
Duparc,   Haute-Savoie
Dupin (Félix)   Hérault
Dupont (Alfred),   Nord
Du Portail,   Orne
Dupouy,   Gironde
Duprat (Pascal),   Landes
Dureault,   Saône-et-Loire
Durfort de Civrac (le c. de),   M.-et-L.
Durieu,   Cantal
Dussaussoy,   Pas-de-Calais
Duval (Raoul),   Seine-Inférieure
Duvergier de Hauranne,   Cher
Ernoul,   Vienne
Escarguel,   Pyrénées-Orientales
Eschassériaux (le b. d'),   Char.-Inf.
Esquiros,   Bouches-du-Rhône
Eymard-Duvernay,   Isère
Farcy,   Seine
Favre (Jules),   Rhône
Faye,   Lot-et-Garonne
Féligonde (de),   Puy-de-Dôme
Feray,   Seine-et-Oise
Fernier,   Doubs
Ferrouillat,   Var
Ferry (Jules),   Vosges
Flaghac (le baron de),   Haute-Loire
Fleuriot,   Loire-Inférieure
Flotard,   Rhône
Folliet,   Haute-Savoie
Fontaine (de),   Vendée
Forsanz (le vicomte de),   Finistère
Foubert,   Manche
Fouquet,   Aisne
Fourcand,   Gironde
Fourichon (l'amiral),   Dordogne
Fournier (Henri),   Cher
Fourtou (de),   Dordogne
Fraissinet,   Bouches-du-Rhône

Franclieu (le m. de),	H.-Pyrénées
Frébault (le g de),	Seine.
Fresneau,	Morbihan
Gagneur,	Jura
Gailly,	Ardennes
Gallicher,	Cher
Galloni d'Istria,	Corse
Gambetta,	Seine
Ganault,	Aisne
Ganivet,	Charente
Gaslonde,	Manche
Gasselin de Fresnay,	Sarthe
Gatien-Arnoult,	Haute-Garonne
Gaudy,	Doubs
Gauthier de Rumilly,	Somme
Gaulthier de Vaucenay,	Mayenne
Gavardie (de),	Landes
Gavini,	Corse
Gayot,	Aube
Gent,	Vaucluse
George (Emile),	Vosges
Gérard,	Oise
Germain,	Ain
Germonière,	Manche
Gévelot,	Orne
Gillon (Paulin),	Meuse
Ginoux de Fermon (le c.),	L.-Inférieure
Giraud,	Vendée
Girerd,	Nièvre
Girot-Pouzol,	Puy-de-Dôme
Guiche (le marquis de la),	Saône-et-Loire
Glas,	Rhône
Goblet,	Somme
Godet de la Riboullerie,	Vendée
Godin,	Aisne
Gontaut-Biron (le vic. de),	B.-Pyrénées
Gouin,	Indre-et-Loire
Gouvello (le marquis de),	Morbihan
Gouvion S.-Cyr (le marq. de),	E.-et-L.

Grammont (le marq. de),	Haute-Saône
Grampierre,	Meuse
Grange,	Savoie
Grasset (de),	Hérault
Greppo,	Seine
Grévy (Jules),	Jura
Grévy (Albert),	Doubs
Grivard,	Ille-et-Vilaine
Grollier,	Orne
Gueidan,	Isère
Guibal,	Tarn
Guichard,	Yonne
Guillemaut (le général),	Saône-et-Loire
Guinard,	Savoie
Guinot,	Indre-et-Loire
Guiter,	Pyrénées-Orient.
Guyot,	Rhône
Haentjens,	Sarthe
Hamille (Victor),	Pas-de-Calais
Harcourt (le duc d'),	Calvados
Harcourt (le comte d'),	Loiret
Haussonville (le vic. d'),	S.-et-Marne
Hespel,	Nord
Hèvre,	Seine-et-Oise
Hérisson,	Haute-Saône
Houssard,	Indre-et-Loir
Hulin,	Indre-et-Loir
Humbert,	Haute-Garonne
Huon de Penanster,	Côtes-du-Nord
Jacques,	Oran
Jaffré (l'abbé),	Morbihan
Jamme,	Tarn
Janzé (le baron de)	Côtes-du-Nord
Jaubert (le comte de),	Cher
Jaurès (l'amiral).	Tarn
Jocteur-Montrozier,	Isère
Johnston,	Gironde
Joigneaux,	Côtes-d'Or
Joinville (le prince de),	Haute-Marne

Jordan,	Saône-et-Loire
Joubert (Ambroise),	Maine-et-Loire
Jouin,	Ille-et-Vilaine
Jourdan,	Isère
Journault,	Seine-et-Oise
Jouvenel (le baron de),	Corrèze
Jozon,	Seine-et-Marne
Juigné (le comte de),	Loire-Inférieure
Juigné (le marquis de),	Sarthe
Jullien,	Loire
Keller,	Belfort
Kergariou (le c. de),	Ille-et-Villaine
Kergolay (lè comte de),	Oise
Kéridec (de),	Morbihan
Kermengui (le vicomte de,)	Finistère
Kolb-Bernard,	Nord
Krantz,	Seine
Labassetière (de),	Vendée
Labitte,	Oise
La Borderie (de),	Ile-et-Vilaine
La Bouillerie (de),	Maine-et-Loire
Laboulaye,	Seine
Lambert de Sainte-Croix,	Aude
Lacave-Laplagne,	Gers
Lacaze,	Basses-Pyrénées
Lacombe (de),	Puy-de-Dôme
Lacretelle (Henri de),	Saône-et-Loire
Lafon de Fongaufier,	Sénégal
Lafayette (Oscard de),	Seine-et-Marne
Lagrange (le baron A. de),	Nord
Laflige,	Meurthe-et-Moselle
Laget,	Gard
Lambert,	Oran
Lallier,	Loire-Inférieure
Lamberterie (de),	Lot
Lamy,	Jura
Lanel,	Seine-Inférieure
Lanfrey,	Bouches-du-Rhône
Langlois,	Seine

La Pervanchère (de),	Loire-Inférieure
Larcy le baron de),	Gard
Largentaye (de),	Côtes-du-Nord
La Roche-Aymon (le marquis de),	Creuse
La Rochefoucauld (duc de Bisaccia),	Sarthe
La Roche-Jacquelein (le mar.),	Deux-Sèvr.
La Rochetulon (Le marquis de),	Vienne
La Rochette (de),	Loire-Inférieure
La Roncière-le-Noury (l'amiral de),	Eure
La Serve,	Ile de la Réunion
La Sicotière (de),	Orne
Lassus (le baron de),	Haute-Garonne
Lastérye (Jules de),	Seine-et-Marne
Latrade,	Corrèze
Laurent-Pichat,	Seine
Laurier,	Var
Lavergne (Léonce de),	Creuse
L'Ebraly,	Corrèze
Lebas,	Nièvre
Leblond,	Maine
Lebreton,	Finistère
Lecamus,	Tarn
Lebourgeois,	Seine-Inférieure
Le Chatelain,	Mayenne
Ledru-Rollin,	Vaucluse
Lefébure,	Seine
Lefèvre-Pontalis (Antoine),	Seine-et-Oise
Lefèvre-Pontalis (Amédée),	Eure-et-Loire
Lefèvre (Henri),	Alpes-Maritimes
Lefranc (Pierre),	Pyrénées-Orientales
Lefranc (Victor),	Landes
Le Flô (le général),	Finistère
Le Gal La Salle,	Côtes-du-Nord
Legge (le comte),	Finistère
Legrand (Arthur),	Manche
Le Lasseux,	Mayenne
Le Noël,	Manche
Lepère,	Yonne
Lepetit,	Haute-Vienne

Lepouzé,	Eure
Le Provost-Delaunay,	Calvados
Leroux (Aimé),	Aisne
Le Royer,	Rhône
Lesguillon,	Loire-et-Cher
Lespinasse,	Tarne-et-Garonne
Lestapis (de),	Basses-Pyrénées
Lestourgie,	Corrèze
Leurent,	Nord
Levêque,	Côte-d'Or
Levert,	Pas-de-Calais
Lherminier,	Orne
Limairac (de),	Tarne-et-Garonne
Limayrac (Léopold),	Lot
Limpérani,	Corse
Littré,	Seine
Lockroy,	Bouches-du-Rhône
Lorgeril (le vicomte de),	Côtes-du-Nord
Lortal,	Aveyron
Loustalot,	Landes
Louvet,	Seine
Loysel (le général),	Ile-et-Vilaine
Lucet,	Constantine
Luro,	Gers
Lur-Saluces (le marquis de),	Gironde
Magne,	Dordogne
Magniez,	Somme
Magnin,	Côte-d'Or
Mahy (de),	Ile de la Réunion
Maillé (le comte de),	Maine-et-Loire
Malartre,	Haute-Loire
Mallevergne,	Haute-Vienne
Malens,	Drôme
Maleville (le marquis de),	Dordogne
Maleville (Léon de),	Tarne-et-Garonne
Malézieux,	Aisne
Mangini,	Rhône
Marc-Dufraisse,	Seine
Marcére (de),	Nord

Marck,	Guyane
Marchand,	Charente
Marcou,	Aude
Margaine,	Maine
Martel,	Pas-de-Calais
Martell,	Charente
Martenot,	Allier
Martin (Charles),	Nièvre
Martin (d'Auray),	Morbihan
Martin des Pallières (le général),	Gironde
Martin (Henri),	Aisne
Mathieu-Bodet,	Charente
Mathieu (Ferdinand),	Saône-et-Loire
Mathieu de la Redorte (le comte de),	Aude
Maure,	Alpes-Maritimes
Max-Richard,	Maine-et-Loire
Mazeau,	Côte-d'Or
Maurice,	Nord
Mayaud,	Maine-et-Loire
Mazerat,	Dordogne
Mazure (le général),	Deux-Sèvres
Meaux (le vicomte de),	Loire
Méline,	Vosges
Melun (le comte de),	Nord
Méplain,	Allier
Mercier,	Aiu
Mérode (de),	Nord
Mestreau,	Charente-Inférieure
Merveilleux-Duvigneaux,	Vienne
Mettetal,	Doubs
Michal-Ladichère,	Isère
Michel,	Basses-Alpes
Millaud,	Rhône
Monjaret de Kerjégu,	Finistère
Monnot-Arbilleur,	Doubs
Monneraye (comte de la),	Morbihan
Monnet,	Deux-Sèvres
Montaignac (l'amiral de),	Allier
Montgolfier (de),	Loire

Monteil.	Dordogne
Montlaur (le marquis de),	Allier
Montrieux,	Maine-et-Loire
Moreau,	Côte-d'Or
Moreau (Ferdinand),	Seine
Morin (Paul),	Seine
Mortemart (le marquis de),	Rhône
Morvan,	Finistère
Mornay (le marquis de)	Oise
Murat (le comte Joachim),	Lot
Murat-Sistrières,	Cantal
Naquet,	Vaucluse
Nétien,	Seine-Inférieure
Nioche,	Indre-et-Loire
Noël-Parfait,	Eure-et-Loire
Nouaillan (le comte de),	Ariége
Ordinaire,	Rhône
Osmoy (d'),	Eure
Pagès-Duport	Lot
Pajot,	Nord
Palotte,	Creuse
Parent,	Savoie
Parigot,	Aube
Paris,	Pas-de-Calais
Partz (le marquis de),	Pas-de-Calais
Passy (Louis),	Eure
Patissier (Sosthène),	Allier
Pellissier (le général),	Saône-et-Loire
Pelletan (Eugène),	Bouches-du-Rhône
Peltereau-Villeneuve,	Haute-Marne
Perin (Georges),	Haute-Vienne
Perret,	Rhone
Perrier,	Marne
Petau,	Loiret
Peulvé,	Seine-Inférieure
Peyrat,	Seine
Peyramont (de),	Haute-Vienne
Pernolet,	Seine
Phillipoteaux,	Ardennes

Picard (Ernest),	Meuse
Picart (Alphonse),	Marne
Pin,	Vaucluse
Pioger (de),	Morbihan
Piou,	Haute-Garonne
Plichon,	Nord
Plœuc (le marquis de),	Seine
Pompéry (de),	Finistère
Pontoi-Pontcarré (mar. de),	Eure-et-Loire
Pothuan,	Seine
Pouyer-Quertier,	Seine-Inférieure
Pradié,	Aveyron
Prax-Paris,	Tarne-et-Garonne
Pressensé (de),	Seine
Prétavoine,	Eure
Princetean,	Gironde
Puiberneau (de),	Vendée
Quinet (Edgard),	Seine
Quinsonas (le marquis de),	Isère
Rameau,	Seine-et-Oise
Rambures (de),	Somme
Rampon (le comte),	Ardèche
Rampont,	Yonne
Rathier,	Yonne
Raudot,	Yonne
Ravinel (de),	Vosges
Rémusat (Charles de),	Haute-Garonne
Rémusat (Paul de),	Haute-Garonne
Rainneville (de),	Somme
Renaud (Félix),	Saone-et-Loire
Renaud (Michel),	Basse-Pyrenées
Reymond,	Isère
Reymond,	Loire
Ricard,	Deux-Sèvres
Ricot,	Haute-Saone
Riondel,	Isère
Rive (Francisque),	Ain
Rességuier (le comte de),	Gers
Riant,	Allier

Rivaille,	Charente-Inférieure
Robert (le général),	Seine-Inférieure
Robert (Léon),	Ardennes
Robert de Massy,	Loiret
Roger du Nord (le comte),	Nord
Roger-Marvaise,	Ille-et-Vilaine
Rodez-Bénavent (le vicomte de),	Hérault
Rolland (Charles),	Saône-et-Loire
Rolland,	Lot
Roquemaurel de Saint-Cernin	Ariége
Roudier,	Gironde
Rouher,	Corse
Rotours (des),	Nord
Rousseau,	Finistère
Roussel (Théodore),	Lozère
Rouveure,	Ardèche
Rouvier,	Bouches-du-Rhône
Roux (Honoré),	Puy-de-Dôme
Roy de Loulay,	Charente-Inférieure
Roys (le marquis des),	Seine-Inférieure
Sacaze,	Haute-Garonne
Saincthorent (de),	Creuse
Saintenac (vicomte de),	Ariége
Saint-Germain (de),	Manche
Saint-Malo (de),	Pas-de-Calais
Saint-Pierre,	Calvados
Saint-Pierre (Louis),	Manche
Saint-Victor (de),	Rhône
Saisset (amiral),	Seine
Saisy (Hervé de),	Côtes-du-Nord
Salneuve,	Puy-de-Dôme
Salvandy (de),	Eure
Salvy,	Cantal
Sansas,	Gironde
Sarrette,	Lot-et-Garonne
Saussier (le général),	Aube
Savary,	Manche
Savoye,	Seine-Inférieure
Say (Léon),	Seine
Schérer,	Seine-et-Oise

Scheurer-Kestner,	Seine
Schœlcher,	Martinique
Sébert,	Seine
Ségur (le comte de),	Seine-et-Marne
Seignobos,	Ardèche
Silva,	Haute-Savoie
Sens,	Pas-de-Calais
Serph (Gusman),	Vienne
Sers (le marquis de)	Loir-et-Cher
Soubeyran (de),	Vienne
Simiot,	Gironde
Simon (Fidèle),	Loire-Inférieure
Simon (Jules),	Marne
Soury Lavergne,	Haute-Vienne
Staplande (de),	Nord
Soyé,	Aisne
Sugny (de),	Loire
Swiney,	Finistère
Taberlet,	Haute-Savoie
Tailhand,	Ardèche
Taillefert,	Deux-Sèvres
Talhouët (le marquis de),	Sarthe
Tallon,	Puy-de-Dôme
Tamisier,	Jura
Tarteron (de),	Gard
Tardieu,	Bouches-du-Rhône
Target,	Calvados
Tassin,	Loire-et-Cher
Teisserenc de Bort,	Haute-Vienne
Temple (du),	Ille-et-Vilaine
Testelin,	Nord
Théry,	Nord
Thiers,	Seine
Thomas (docteur),	Marne
Thurel,	Jura
Tiersot,	Ain
Tillancourt (de),	Aisne
Tirard.	Seine
Tocqueville (le comte),	Manche

Tolain,	Seine
Toupet des Vignes,	Ardennes
Treveneuc (de),	Cotes-du-Nord
Tréville (le comte),	Aude
Tribert,	Deux-Sèvres
Turigny,	Nièvre
Turquet,	Aisne
Vacherot,	Seine
Valady (de),	Aveyron
Valazé, (le général),	Seine-Inférieure
Valfons (le marquis de),	Gard
Valon (de),	Lot
Vandier,	Vandée
Vast-Vimeux,	Charente-Inférieure
Varroy,	Meurthe-et-Moselle
Vaulchier (de),	Doubs
Vautrain,	Seine
Ventavon (de),	Hautes-Alpes
Vente,	Nord
Vetillart,	Sarthe
Vidal,	Ariège
Viennt,	Hérault
Vilfeu,	Mayenne
Villain,	Aisne
Vimal-Dessaignes,	Puy-de-Dome
Vinay.	Haute-Loire
Vingtain,	Eure-et-Loire
Vinols (le baron de),	Haute-Loire
Viox,	Meurthe-et-Moselle
Vitalis,	Hérault
Vogué (le marquis de)	Cher
Voisin	Seine-et-Marne
Waddington,	Aisne
Wallon,	Nord
Warnier,	Algérie
Warnier,	Marne
Wartelle de Retz,	Pas-de-Calais
Wilson,	Indre-et-Loire
Witt (Cornelis de),	Calvados
Wolowki,	Seine

DIVISION

DE L'ASSEMBLÉE NATIONALE

EN GROUPES PARLEMENTAIRES.

UNION RÉPUBLICAINE

Adam (Edmond).
Allemand.
Arrazat.
Barodet.
Barni.
Berlet.
Bernard (Martin).
Bert.
Blanc (Louis).
Boucau.
Bouchet.
Bonnel.
Boysset.
Brelay.
Brillier.
Brisson (Henri).
Caduc.
Carion.
Castelnau.
Cazot.
Casse (Germain).

Challemel-Lacour.
Chavassieu.
Chevandier.
Colas.
Corbon.
Cotte.
Crémieux.
Daumas.
Denfert-Rochereau.
Deregnaucourt.
Dréo.
Dupouy.
Durieu.
Escarguel.
Esquiros.
Farcy.
Ferrouillat.
Gambetta.
Ganault.
Gaudy.
Gent.

Goblet.

Godin.

Grandpierre.

Greppo.

Guyot.

Guinard.

Hérisson.

Jacques.

Joigneaux.

Lacretelle (Henri de).

Lafon de Fongaufier.

Laget.

Lambert.

Langlois.

La Serve.

Laurent-Pichat.

Lefèvre.

Lepère.

Ledru-Rollin.

Lherminier.

Loustalot.

Lockroy.

Mahy (de).

Marck.

Marcou.

Mazeau.

Méline.

Millaud.

Moreau.

Nâquet.

Ordinaire.

Parent.

Pelletan.

Périn.

Peyrat.

Quinet (Edgard).

Rathier.

Robert (Léon).

Rouvier.

Scheurer-Kestner.

Schœlcher.

Simiot.

Swiney.

Tardieu.

Testelin.

Tiersot.

Tolain,

Turquet.

Turigny.

Godissart

GAUCHE RÉPUBLICAINE

Amat.

Ancelon.

Arago (Emmanuel).

Arnaud (de l'Ariége).

Bamberger.

Barthélemy-St-Hilaire.

Bethmont.

Billot (le général).

Billy.

Bozérian.

Breton (Paul).

Brice (René).

Brun (Charles).

Carnot (père).

7

Carnot (Sadi),
Carquet.
Chardon.
Chareton (le général).
Charton.
Cherpin,
Claude (Vosges).
Clerc.
Contaut.
Cunit.
Daron.
Delacroix.
Delord (Taxile).
Delorme.
Desbons.
Deschange.
Dubois.
Ducarre.
Duclerc.
Dufay.
Ducarre.
Eymard–Duvernay.
Favre (Jules).
Faye.
Fernier.
Ferry (Jules).
Flottard.
Folliet.
Fourcand.
Gagneur.
Gatien–Arnoult.
George.
Girot–Pouzol.
Girerd (Cyprien).
Grévy (Albert).
Grévy (Jules).
Guichard.
Guillemaut (le général).
Guiter.

Hèvre.
Humbert.
Jouin.
Journault.
Jozan.
Lafayette (Oscar de).
Laflize.
Lamy.
Latrade.
Leblond.
Lebreton.
Lefranc (Pierre).
Lefranc (Victor).
Lenoël (Emile).
Lepouzé.
Leroyer.
Lesguillon.
Levêque.
Lucet.
Magnin.
Malens.
Mangini.
Marc–Dufraisse.
Margaine.
Martin (Henri).
Mestreau.
Michal-Ladichère.
Morvan.
Nioche.
Noël-Parfait.
Pascal Duprat.
Pélissier (le général).
Picart (Alphonse).
Pin.
Pompery (de).
Rameau.
Rampont.
Renaud (B.-Pyrénées).
Reymond (Ferd.), Isère.

Riondel.
Reymond, (Loire).
Roger-Marvaise,
Rolland, (Charles).
Roudier.
Rousseau.
Salneuve.
Sansas.
Silva.
Simon (Jules).
Taberlet.

Tamisier.
Thomas (Dr.)
Thurel.
Tillancourt (de).
Tirard.
Tocqueville (de),
Varroy.
Villain.
Warnier, (Marne).
Warnier (Alger).
Wilson.

CENTRE-GAUCHE

Alexandre, (S.-et-Loire),
Arbel.
Bardoux.
Barthe (Marcel).
Bastid.
Beaussire.
Bérenger.
Bertauld.
Bernard.
Besnard.
Bottard.
Brice, Meur.-et-Moselle,
Buée.
Buisson, S.-Inférieure.
Calmon.
Carré-Kérisouët.
Casimir Périer.
Cézanne.
Chadois (le colonel.)
Chanzy (le Général).
Choiseuil (de).

Christophle.
Claude, Meu.-et-Moselle.
Cochery.
Combarien (de),
Cordier.
Corne.
Danelle-Bernardin.
Dauphinot.
Destremx.
Dietz-Monnin,
Dubois-Fresnay (le gé·).
Duchatel (le comte).
Ducuing.
Dufour.
Dufaure,
Duréault.
Duvergier de Hauranne.
Feray,
Foubert.
Fouquet.
Fraissinet,

Gailly.
Gaulth. de Rumilly.
Gayot.
Gérard.
Germain.
Gévelot.
Grollier.
Guibal.
Guinot.
Janzé (de).
Jaurès (l'amiral).
Krantz.
Laboulaye.
Lanel.
Lanfrey.
Lacaze (Louis).
Lastéryes (de).
Lebas.
Lecamus.
Le Gal La Salle.
Leroux.
Lestapis (de).
Letellier-Valazé (le gé.)
Lepetit.
Limpérani.
Magniez.
Malleville (le marq de).
Malleville (Léon de).
Malézieux.
Marcère (de).
Martel, (Pas-de-Calais).
Max-Richard.
Monnot-Arbilleur.
Morin (Paul).
Nétien.

Osmoy (d').
Palotte.
Patissier.
Pernolet.
Picard (Ernest).
Philippoteaux.
Pothuau (l'amiral).
Rampon (comte).
Préssensé (de).
Rémusat (Charles de).
Rémusat (Paul de).
Renaud (Félix).
Ricard.
Rive (Francisque).
Robert de Massy.
Roussel.
Roux.
Saint-Pierre (de) (Calv.)
Salvandy.
Salvy.
Saussier (le général).
Say (Léon).
Schérer.
Sébert.
Seignobos.
Simon (Fidèle).
Soye.
Tassin.
Thiers.
Toupet des Vignes.
Vacherot.
Waddington.
Wilson.
Wolowski.

ANCIEN GROUPE CASIMIR PERIER

André, (Seine).
Barascud.
Beau.
Bompard.
Busson-Duviviers.
Cottin (Paul).
Denormandie.
Desseilligny.
Drouin.
Du Chaffaut (comte).
Dufournel.
Gallicher.
Glas.
Lebourgeois.

Lefébure.
Lefèvre-Pontalis (Ant).
Michel.
Mathieu, (S.-et-Loire).
Mathieu de la Redorte.
Mongolfier (de).
Moreau, (Seine).
Parigot.
Peulvé.
Prétavoine.
Saisset (amiral).
Savoye.
Voisin.

CENTRE-DROIT

Adam (Pas-de-Calais).
Aclocque.
Adnet.
Adrien (Léon).
Aigle (comte de l').
Amy.
Andelarre (marquis d').
Anisson-Duperron.
Audiffret-Pasquier (d').
Aymé de la Chevrelière.
Babin-Chevaye.
Balsan.
Barante (baron de).

Batbie.
Beaucarne-Leroux.
Benoist-du-Buis.
Benoit (Meuse).
Bermond (de).
Bidard.
Bienvenue.
Bigot.
Blavoyer.
Bondy (comte de).
Bonnet.
Boreau-Lajanadie.
Bouillé (comte de).

Broët.

Broglie (duc de).

Buisson (Aude).

Caillaux.

Calamard de Lafayette.

Callet.

Castellane (marquis de),

Chabaud-Latour (gén.).

Chabaud-Latour (A. de).

Chabrol.

Chambrun (comte de).

Champvallier (de).

Chaper.

Charreyron.

Chatelin.

Cheguillaume.

Clapier.

Clément (Léon).

Clercq (de).

Courbet-Poulard.

Courcelle.

Cumont (vicomte de).

Daguenet.

Daguilhou-Lasselve.

Daru (comte).

Decazes (baron).

Decazes)duc).

Delacour.

Delavau.

Delille.

Delpit.

Delsol.

Depasse.

'Desjardins.

Doré-Grasselin.

Dumarnay.

Dussaussoy

Duval (Raoul).

Fournier.

Fourtou (de).

Ganivet.

Gaslonde.

Gasselin de Fresnay.

Germonière (de la).

Giraud.

Godet de la Ribouillerie.

Gouin.

Grivart.

Gueidan.

Harcourt (duc d').

Harcourt (comte d').

Haussonville (vicomte d')

Hespel (comte d').

Houssard.

Hulin.

Huon de Penanster.

Jamme.

Jaubert (le comte).

Jocteur-Montrosier.

Jonhston.

Jordan.

Joubert.

Jourdan.

Jouvenel (baron de).

Lacave-Laplagne.

Lacombe (de).

Lallié.

Lambert de Saint-Croix.

La Sicotière (de la).

Laurier.

Lavergne (de).

L'Ebraly.

Le Chatelain.

Le Lasseux.

Leurent.

Luro.

Malartre.

Mallevergne.

Marchand.
Martello (Charente).
Martenot.
Martin (Charles).
Méplain.
Mérode (comte de).
Merveilleux-Duvignaux.
Mettetal.
Monnet.
Montrieux.
Mornay (marquis de).
Paris (Pas-de-Calais).
Passy.
Peltereau-Villeneuve.
Perrier (Marne).
Petau.
Piou.
Pradié.
Rainneville (de).
Ravinel (de).

Ricot.
Rivaille.
Robert (le général).
Sacaze.
Saint-Germain.
Savary.
Ségur (comte de).
Serph.
Taillefert.
Talhouët (marquis de).
Tallon.
Target.
Vandier.
Vente.
Vilfeu.
Vinay.
Vingtain.
Vitalis.
Wartelle de Betz.
Witt (Cornelis de).

RÉUNION DE LA DROITE MODÉRÉE

(DITE RÉUNION COLBERT)

Ancel.
Arfeuillères.
Audren de Kerdrel.
Baragnon.
Bastard (comte).
Beauville (de).
Benoist-d'Azy (comte).
Bernard-Dutreil.
Besson.
Béthune (comte de).

Beurges comte de).
Blain de Bourdon (vic.).
Bodin.
Boisse.
Bouiller.
Bouiller de Branche.
Bouisson.
Bourgeois.
Brabant.
Breuil de S.-Germ. (du).

Bryas (comte de).
Caron (Emile).
Chamaillard (de).
Chaudordy (comte de).
Chesnelong.
Crussol d'Uzès (duc de).
Corcelle (de).
Costa de Beauregard.
Dampierre (le marq. de).
Daussel.
Depeyre.
Desbassayns de Riche-
    mont (le comte).
Dompierre d'Hornoy.
Douhet (comte de)
Dufaur (Xavier).
Dupin (Félix).
Du Portail.
Durfort de Civrac (comte)
Ernoul.
Fleuriot.
Frébault (le général).
Gavardie (de).
Grammont (de).
Grange.
Jùigné (comte de).
Juigné (marquis de).
Jullien.
Kergolay (le comte de).
Kolb-Bernard.
Keller.
Labitte.
Lagrange (baron de).
La Guiche (marquis de).
Lamberterie (de).
Larcy (baron de).
Largentaye (de).
Laroche-Aymon (marq.)
Laroche-Thulon (marq.)

Lassus (baron de).
Lefèvre-Pontalis (Am.).
Lespinasse.
Limairac (Léopold).
Maillé (comte de).
Mayaud.
Meaux (vicomte).
Melun (comte de).
Maurice.
Mazerat.
Mazure (le général).
Monjaret de Kerjégu.
Montaignac (Amiral de).
Monteil.
Montlaur (marquis de).
Nouaillan (comte de).
Pagès-Duport.
Pajot.
Pervanchère (de la).
Plœuc (marquis de).
Pontoi-Pontcarré (marq.)
Princeteau.
Puiberneau (de).
Quinsonas (marquis de).
Raudot.
Rességuier (comte de).
Rambures (de).
Riant.
Roquemaurel de Saint-
    Cernin (le colonel).
Roys (marquis de).
St-Pierre (de), (Manche).
Sers (marquis de).
Staplande (de).
Sugny (de).
Tailhand.
Tarteron (de).
Théry.
Valady (de).

Valfons (marquis de).
Vaulchier (de).
Ventavon (de).
Vétillart.

Vidal.
Viennet.
Vinols (baron de).
Vogué (marquis de).

EXTRÊME-DROITE

(OU RÉUNION DES CHEVAU-LÉGERS)

Abbadie (du Barrau d').
Aboville (vicomte d').
Aubry.
Auxais (d').
Bagneux (comte de).
Belcastel (G. de).
Boisboissel (comte de).
Boyer.
Brettes-Thurin (comte).
Brun (Lucien).
Carayon-Latonr (de).
Cazenove de Pradine (de)
Champagny (vicomte de).
Chaurand (baron de).
Cintré (comte de).
Colombet (de).
Combier.
Cornulier-Lucinière (de).
Dahirel.
Dezanneau.
Diesbach (comte de).
Du Bodan.
Dumon.
Féligonde (de).
Fontaine (de).
Forsanz (vicomte de).

Franclieu (marquis de).
Fresneau.
Gillon (Paulin).
Gouvello (marquis de(.
Grasset (de).
Jaffré (l'abbé).
Kergariou (comte de).
Kéridec (de).
Kermenguy (vicomte de).
Labassetière (de).
La Borderie (de).
La Bouillerie (de).
La Rochefoucauld-Bisac.
La Rochejaquelein (mar.)
La Rochette (de).
Legge (comte de).
Lestourgie.
Limairac (de).
Lorgeril (vicomte de).
Lur-Saluces (de).
Martin (d'Auray).
Monneraye (le comte de).
Mortemart (marquis de).
Partz (marquis de).
Pioger (de).
Rodez-Benavent (de).

Saintenac (vicomte de).
Saincthorent (de).
Saint-Malô (de).
Saint-Victor (de).
Soury-Lavergne.

Temple (du).
Tréville (de).
Tréveneuc (de).
Vimal Dessaignes.

RÉUNION DE L'APPEL AU PEUPLE

(BONAPARTISTES)

Abbatucci.
André (Charente).
Boffinton.
Bottieau.
Bourgoing (baron de).
Brame (Jules).
Eschassériaux.
Galloni d'Istria.
Gavini.
Ginoux de Fermon.
Hamille.
Haentgens.
La Roncière-le-Noury.
Legrand (Arthur).

Le Provost-Delaunay.
Levert.
Magne.
Murat (le comte Joachim)
Plichon
Prax-Paris.
Des Rotours.
Roy de Loulay.
Rouher.
Sarette.
Sens.
Soubeyran.
Vast-Wimeux.
Wallon.

NE FONT PARTIE D'AUCUN GROUPE PARLEMENTAIRE

MM.

Aumale (duc d')—Aurelle de Paladine (général)
— Bonald (vicomte de). — Baze — Bocher —
Brunet — Buffet — Carbonnier de Marsac (de) —
Chabron (le général) — Changarnier — Cissey

(le général de) — Descat — Douay — Dupanloup (évêque d'Orléans) — Dupont (Alfred) — Flaghac (le baron de) — Fourichon (amiral) — Hervé de Saisy — Gaultier de Vaucenay — Gontaut-Biron (vicomte).— Gouvion — Saint-Cyr (général) — Joinville (prince de) — Leflô (général — Lortal — Louvet — Loyssel (général) — Littré — Mathieu-Bodet — Maure — Martin des Pallières (général) — Mercier — Murat-Sistrières Peyramon (de) — Roger du Nord (comte) — Renaud (Basses-Pyrénées) — Rolland (Lot) — Tribert — Teisserenc de Bort — Valon (de) — Vautrain.

N B. — Les chiffres que nous donnons dans ce volume sont tirés de documents officiels.

Quant à l'opinion politique attribuée aux député et aux candidats non élus, nous nous sommes appuyés pour la déterminer sur les votes des premiers à l'Assemblée, sur les professions de foi électorales des seconds, et aussi sur des renseignements particuliers.

Les soins et les recherches n'ont pas été épargnés pour rendre ce travail le plus exact possible, cependant si des erreurs ont pu s'y glisser nous en accueillerons les rectifications avec empressement.

SIÉGES VACANTS

A L'ASSEMBLÉE NATIONALE

Ranc (Rhône), condamné à mort, par coutumace, le 13 novembre 1873, pour participation aux affaires de la Commune de Paris. (Rép.)

Melvil-Bloncourt, condamné à mort, par contumace, pour participation aux affaires de la Commune de Paris. (Rép.)

Labélonye (Seine-et-Oise), décédé le 24 avril 1874. (Rép).

Fouler de Relingue (comte de) (Pas-de-Calais), décédé le 2 mai 1874. (Mon.)

Piccon (Alpes-Maritimes), démissionnaire, le 4 mai 1874.

Bergondi (Alpes-Maritimes), décédé le 6 mai 1874. (Rép.)

Perrot (Oise), décédé le 16 mai 1874. (Mon.)

Dupuy (Drôme), démissionnaire, le 16 mai 1874. (Rép.)

Brigode (comte de) (Nord), décédé le 17 mai 1874. (Mon.)

Viox (Meurthe-et-Moselle), décédé le 29 juin 1874. (Rép.)

Goulard (de) (Hautes-Pyrénées), décédé le 4 juillet 1874. (Mon).

Flaud (Côtes-du-Nord), décédé le 7 août 1874. (Mon.)

Pourlalès (le comte de) (Seine-et-Oise) décédé le 4 septembre 1874.

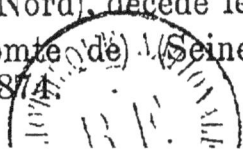

RÉSUMÉ DU MOUVEMENT ÉLECTORAL

Depuis le 2 juillet 1871 jusqu'au 13 septembre 1874

DÉPARTEMENTS	DATES DES ÉLECTIONS	Députés à élire	VOTANTS	VOTES Républicains	VOTES Monarchistes	VOTES Bonapartistes	VOTES Légitimistes
Ain	2 juillet 1871	2	62.484	48.815	10.535	»	2.503
Aisne	id.	1	76.458	70.160	2.715	»	»
Alpes (Basses). .	id.	1	27.302	15.651	11.167	»	»
Alpes (Hautes). .	id.	1	22.428	22.177	»	»	»
Alpes-Maritimes.	id.	2	29.928	17.723	10.851	»	»
Ardennes.	7 janvier 1872	1	56.996	39.259	16.726	»	»
Aube	16 nov. 1873	1	61.455	42.974	»	17.844	»
Aude	2 juillet 1871	1	60.306	34.830	24.475	»	»
—	14 déc. 1873	2	62.327	36 328	17.350	»	8.082
Bouches-du-R. .	2 juillet 1871	7	77.120	48.845	27.798	»	»
—	7 janvier 1872	2	83.421	47.934	34.726	»	»
—	27 avril 1873	1	74.334	55.830	17.197	»	»
Calvados	20 octobre 1872	1	64.493	28.773	15.346	2.085	17.671
—	16 août 1874	1	78.340	27.645	»	41 710	8.995
Charente	2 juillet 1871	1	62.546	18.120	7.762	»	»
Charente-Infér. .	id.	2	83.986	35.973	24.969	21.563	»
—	27 avril 1873	1	99.344	47.207	»	51.072	»
Cher.	2 juillet 1871	2	61.891	30.679	30.748	»	»
Corrèze	27 avril 1873	1	57.940	30.285	19.332	»	»
Corse	11 février 1872	1	51.995	6.950	»	36.026	8.796
—	9 juin 1872	1	45 020	14.418	»	30.323	»
Côte-d'Or. . . .	2 juillet 1871	2	73.458	40.893	32.455	»	»
Côtes-du-Nord. .	id.	1	68.944	65.405	»	»	»
—	11 février 1872	1	88.544	46.710	»	»	40.179
Dordogne. . . .	2 juillet 1871	1	87.622	37.826	»	44 526	4.118
Doubs	id.	2	54.086	48.108	»	»	»
—	7 janvier 1872	1	54.853	25.901	24.375	»	3.256
Drôme.	2 juillet 1871	2	65.865	48.184	17.450	»	»
Eure.	11 février 1872	1	71.641	33 261	15.862	20.566	»
Finistère	2 juillet 1871	4	93.916	59.619	»	»	33.658
—	14 déc. 1873	1	106.357	62 788	»	»	43.337
Gard.	2 juillet 1871	2	97.257	53.010	»	»	43.545
—	7 janvier 1872	1	100.408	53.510	46.629	»	»
Garonne (Haute).	12 octobre 1872	1	103.215	71.042	31.396	»	»
Gironde.	2 juillet 1871	4	129.970	78 369	23.390	27.760	»
—	20 octobre 1872	1	115.045	66.308	»	47.041	»
—	27 avril 1873	1	118.420	75.153	39.015	»	»
—	29 mars 1874	1	147.518	77.644	24.490	47.884	»
Hérault.	2 juillet 1871	2	90.104	51.136	»	»	38.806
Ille-et-Vilaine. .	id.	3	96.483	55.549	40.495	»	»
Indre-et-Loire. .	id.	1	57.443	43.304	11.131	»	1.970
—	8 octobre 1872	1	61.350	31.151	»	29.539	»
Isère.	2 juillet 1871	1	108.351	81.021	26.444	»	»
—	7 janvier 1872	1	72.457	67.689	»	»	2.546
Jura.	27 avril 1873	1	60.865	42.309	»	»	17.620
Landes	2 juillet 1871	3	55.536	35 162	19.716	»	»
Loir-et-Cher. . .	id.	1	53.871	30.443	15.592	7.683	»
— . . .	11 mai 1873	1	55.003	46.047	»	8.237	»
Loire	2 juillet 1871	2	76.134	47.357	28.385	»	»
—	12 octobre 1873	1	86.662	61.480	25.061	»	»
Loiret.	2 juillet 1871	1	57.115	25.649	50.356	»	»
Lot-et-Garonne .	id.	1	78.091	49 181	27.515	»	»
Maine-et-Loire. .	13 sept. 1874	1	98.448	45.359	26.093	25.570	»
Manche	2 juillet 1871	1	67.216	38.320	27.580	»	»
Marne.	27 avril 1873	1	76 518	48.188	23.146	»	4.281
Marne (Haute). .	29 mars 1874	1	60.794	35.785	24.358	»	»
Mayenne	2 juillet 1871	1	60.402	41.896	18.260	»	»

DÉPARTEMENTS	DATES DES ÉLECTIONS	Députés à élire	VOTANTS	VOTES Républicains	VOTES Monarchistes	VOTES Bonapartistes	VOTES Légitimistes
Morbihan.....	2 juillet 1871	1	62.276	28.275	»	»	33.773
—	20 octobre 1872	1	78.093	34.928	»	»	43.062
—	27 avril 1873	1	82.360	32.911	»	»	47.222
Nièvre.....	id.	1	65.442	33.071	31.927	»	»
—	12 octobre 1873	1	68.696	39.986	28.310	»	»
—	24 mai 1874	1	74.298	32.119	»	37.568	4.573
Nord.....	2 juillet 1871	2	208.885	145.918	61.828	»	»
—	7 janvier 1872	2	164.242	81.916	82.105	»	»
—	9 juin 1873	1	216.065	126.588	86.738	»	»
Oise.....	20 octobre 1872	1	74.504	69.435	»	»	»
Orne.....	2 juillet 1871	1	65.261	38.951	13.964	»	10.763
Pas de-Calais ..	id.	1	140.118	103.438	34.967	»	»
—	7 janvier 1872	1	132.906	56.148	»	74.629	»
—	8 février 1874	1	141.334	67.606	»	72.457	»
Puy-de-Dôme ..	2 juillet 1871	1	92.015	67.743	22.985	»	»
—	12 octobre 1873	1	81.384	78.713	»	»	»
Pyrénées (Basses)	7 janvier 1872	1	72.993	31.599	40.668	»	»
Pyrénées-Orient.	2 juillet 1871	1	37.339	20.632	»	»	»
Rhin (H.) Belfort	id.	1	9.723	2.253	6.253	»	»
Rhône.....	id.	2	114.632	82.962	20.694	»	»
—	11 mai 1873	2	132.029	90.225	41.765	»	»
Saône (Haute) ..	8 février 1874	1	65.963	37.050	28.886	»	»
Saône-et-Loire..	2 juillet 1871	3	103.778	75.651	27.567	»	»
Savoie......	7 janvier 1872	1	42.293	20.427	21.527	»	»
Savoie (Haute)..	2 juillet 1871	1	38.078	24.132	13.493	»	»
Seine	id.	21	290.823	198.326	88.743	»	»
—	7 janvier 1872	1	231.910	218.305	»	»	»
—	27 avril 1873	1	342.656	315.073	26.664	»	»
Seine-inférieure.	2 juillet 1871	4	115.759	58.325	60.840	»	»
—	16 nov. 1873	1	132.664	82.958	48.811	»	»
Seine-et-Oise...	2 juillet 1871	5	81.398	55.629	24.590	»	»
—	14 déc. 1873	1	98.202	56.525	39.136	»	»
Somme......	2 juillet 1871	2	115.084	95.298	18.695	»	»
—	7 janvier 1872	1	95.982	93.480	»	»	»
—	9 juin 1872	1	112.283	74.382	»	36.653	»
Tarn.	2 juillet 1871	1	68.621	45.111	22.656	»	»
Var	id.	5	50.812	29.528	20.966	»	»
—	7 janvier 1872	1	46.320	30.176	15.614	»	»
Vaucluse.....	2 juillet 1871	5	59.323	34.547	24.441	»	»
—	1er mars 1874	1	60.428	31.814	28.349	»	»
Vendée.....	2 juillet 1871	1	61.498	34.475	25.987	»	»
Vienne......	id.	1	49.840	4.173	12.841	32.380	»
—	1er mars 1874	1	66.040	34.189	31.214	»	»
Vienne (Haute)..	7 janvier 1872	1	42.739	17.426	22.836	»	»
—	11 mai 1873	1	50.330	32.508	17.527	»	»
Vosges	20 octobre 1872	1	58.923	58.028	»	»	»
Yonne.......	9 juin 1872	1	70.541	56.405	13.095	»	»

ALGÉRIE

DÉPARTEMENTS	DATES DES ÉLECTIONS	Députés à élire	VOTANTS	VOTES Républicains	VOTES Monarchistes	VOTES Bonapartistes	VOTES Légitimistes
Alger......	9 juillet 1871	2	12.393	11.715	»	»	»
—	20 octobre 1872	1	10.416	9.658	»	»	»
Oran	9 juillet 1871	2	7.193	5.059	2.121	»	»
—	7 janvier 1872	2	7.937	5.080	2.298	»	»

COLONIES

DÉPARTEMENTS	DATES DES ÉLECTIONS	Députés à élire	VOTANTS	VOTES Républicains	VOTES Monarchistes	VOTES Bonapartistes	VOTES Légitimistes
Martinique	9 août 1874	1	6.322	6.208	»	»	»
Guadeloupe ...	5 octobre 1873	1	7.852	7.613	»	»	»
Guyane......	27 août 1871		3.473	2.088	986	174	
TOTAL GÉNÉRAL..	....	184	1.552	5.677.412	2.027.988	713.490	418.756

Majorité ré blica absolue 2.517.178.

www.ingramcontent.com/pod-product-compliance
Lightning Source LLC
Chambersburg PA
CBHW052127090426

42741CB00009B/1982